Juliette Levivier

Heureux ceux qui s'aiment

PRÉPARATION AU MARIAGE

Pour les animateurs

ARTÈGE LE SÉNEVÉ

Outils pédagogiques

La plupart des rencontres sont assorties de présentations PowerPoint à télécharger. Elles peuvent être personnalisées.

Les modules 2 et 3 sont assortis de vidéos.

Tous ces éléments sont accessibles gracieusement pour les personnes ayant acheté le parcours sur le lien : cutt.ly/DTzIz11

ou en flashant le QR code :

Auteur : Juliette Levivier
Merci au diocèse de Beauvais et à Amaru Cazenave qui, en mettant leurs vidéos au service de ce parcours, aideront grandement ceux qui le mettront en œuvre.
Illustrateur : Ixène
Photos : Juliette Levivier et Unsplash.com

ISBN : 978-2-35770-311-7

Éditions Artège Le Sénevé
• 10, rue Mercœur – 75011 Paris
• 9, espace Méditerranée – 66000 Perpignan
www.editionsleseneve.fr - e-mail : contact@editionsleseneve.fr

L'amour, c'est sacré !

Quelle joie pour l'Église d'accueillir et d'accompagner des fiancés qui viennent demander le sacrement de mariage ! Si leurs motivations sont très diverses et, avouons-le, parfois déconcertantes, ces couples perçoivent que leur amour est beau et précieux, qu'il est un enjeu essentiel de leur vie et qu'il a une dimension sacrée. Pourquoi ont-ils ce désir d'un amour grand et définitif ? Tout simplement parce que, comme nous tous, ils ont été créés à l'image de Dieu qui est tout amour ; c'est le cœur de notre foi chrétienne. Nous ne croyons pas en un Dieu statique, vieillard à la barbe blanche qui, de son trône, regarderait de loin les hommes empêtrés dans le péché ! Nous croyons en un Dieu d'amour, brasier d'amour, don mutuel entre les personnes divines, éternel jaillissement de la vie. Et ce Dieu d'amour nous a créés à son image ! Nous sommes donc faits pour aimer à sa manière et c'est même l'unique chemin de bonheur. Comment alors s'étonner que les futurs mariés aient un désir d'amour total, absolu, et qu'ils viennent frapper à la porte de l'Église pour le sceller et les aider à le vivre ?

La foi chrétienne n'est pas une croyance magique qui permettrait d'échapper à tous les problèmes, mais une lumière et une force pour les affronter. Elle est un chemin pour déployer progressivement notre humanité, avec la grâce de Dieu. Son projet sur chacun d'entre nous est trop grand pour que nous puissions l'accomplir avec nos simples moyens humains, aussi bons et beaux soient-ils. On comprend alors pourquoi l'annonce de Jésus, l'évangélisation, est un élément constitutif d'une préparation au mariage réellement féconde. Sinon, ce serait refuser aux fiancés les moyens dont ils ont besoin pour comprendre et vivre l'amour qu'ils portent au plus profond de leur cœur.

Si nécessaires et si précieux soient-ils, les meilleurs conseils psychologiques pour vivre le dialogue, le pardon, le respect de l'autre différent, ne suffiront donc pas à poser les bases d'un mariage durable, fécond et heureux. Il nous faut d'abord témoigner du projet de Dieu, de sa beauté, et surtout de la grâce qu'il nous donne pour le vivre. Il ne s'agit pas d'utiliser la préparation au sacrement de mariage pour faire de nouveaux croyants, mais de permettre aux fiancés de découvrir la dimension sacrée de leur amour, sa beauté, sa source en Dieu et son accomplissement dans le Royaume. Saisissant toute cette grandeur, ils désireront prendre les moyens nécessaires pour le vivre. C'est l'objectif de ce parcours. Ancré dans un regard de foi et une solide théologie, il est fondé sur une vision intégrale de la personne humaine. La sexualité humaine est vue dans toute son ampleur, en s'appuyant sur la théologie du corps de saint Jean-Paul II, et en l'articulant avec les apports des sciences humaines contemporaines. L'enseignement de l'Église est exprimé en des termes simples et précis que tous peuvent comprendre. Il va permettre aux animateurs d'approfondir cette Bonne Nouvelle et de la partager avec les fiancés, grâce à des moyens pédagogiques simples qui favorisent une vraie implication des fiancés.

Engagés, avec l'Église, dans la dynamique de nouvelle évangélisation, nous avons besoin d'outils adaptés pour la vivre concrètement, dans nos paroisses. Ce parcours de préparation au sacrement de mariage en est un, très complet et ambitieux, fruit de plusieurs années d'expérimentation et d'ajustements. Il joint à une réflexion approfondie, la possibilité de faire une expérience de Dieu et de la vie de l'Église, pour proposer aux fiancés de vivre une rencontre du Christ et les aider à trouver leur place dans la vie paroissiale. De la même manière que les Apôtres sont devenus des missionnaires presque malgré eux, ce parcours nous offre tout ce dont nous avons besoin pour être, à notre tour, d'authentiques missionnaires auprès des fiancés, même si nous nous sentons bien démunis devant l'ampleur de la tâche. L'appel du Christ est clair : « *Allez ! De toutes les nations, faites des disciples* », mais il est assorti d'une promesse essentielle : « *et moi, je suis avec vous tous les jours jusqu'à la fin du monde* ». (Mt 28,18-19)

La préparation au mariage est alors un cadeau inestimable pour ces futurs époux, une chance extraordinaire pour consolider les assises humaines de leur amour et les ouvrir à Dieu, source de tout amour. Certains sont marqués par des expériences douloureuses du couple et de l'amour, ils ont besoin d'être accompagnés sur le plan humain, de vivre des pardons et des guérisons. Ils vont découvrir que ce qu'ils désirent de plus beau n'est pas un idéal que la vie ne va cesser de battre en brèche, mais un chemin de bonheur, exigeant certes, mais surtout possible et réaliste. À une époque où l'amour est si souvent banalisé et dégradé, l'Église a la mission d'en rappeler la beauté et d'accompagner ceux qui veulent voir leur existence en grand. Comme ce parcours ne manque pas de le rappeler, cet amour est toujours artisanal, il se construit peu à peu, il se fortifie et se purifie dans les crises traversées, il apporte sans cesse de nouveaux défis et de nouvelles joies.

Reste la question décisive qui se pose à tous ceux qui accompagnent les couples : avons-nous foi en Dieu et en l'humanité telle qu'il l'a créée et telle qu'il veut la sauver ? Pour être les serviteurs authentiques de l'amour, il nous faut être des frères et sœurs attentifs et dévoués, mais aussi des hommes et des femmes de foi et de prière qui cherchent à grandir dans l'amour mutuel pour porter toujours davantage de fruits. Puisse le Seigneur nous renouveler dans cet amour et faire de chacun d'entre nous d'authentiques missionnaires de l'Évangile, animés par l'Esprit de Pentecôte qui ne cesse d'accomplir ses merveilles.

Merci à Juliette Levivier de s'être engagée dans cette grande aventure, depuis des années, avec la compétence, le bon sens, l'enthousiasme et l'humour que nous lui connaissons.

Merci à Thibault, son mari, et à tous ceux qui l'ont accompagnée sur ce chemin.

Merci à tous les animateurs de la préparation au mariage. Vous participez à un très beau service de l'amour au cœur de notre société, vous êtes des missionnaires au cœur de nos paroisses. Puisse ce service vous renouveler dans votre propre foi et votre propre amour.

Merci à vous tous qui vous engagez dans le mariage, qui écoutez les désirs de vos cœurs et prenez les moyens pour les mettre en œuvre dans votre vie quotidienne. C'est le plus beau cadeau que vous pouvez faire à vos enfants et toute l'humanité s'en trouve enrichie et élevée. Vous devenez ainsi de grands témoins de Dieu qui est tout amour.

Merci à tous ceux qui s'aiment en vérité. Continuons, ensemble, sur ce chemin, et progressons les uns par les autres !

« *Comme le Père m'a aimé, moi aussi je vous ai aimés. Demeurez dans mon amour* », dit Jésus. « *Je vous ai dit cela pour que ma joie soit en vous, et que votre joie soit complète.* » (Jn 15,9-11)

+ Sylvain Bataille,
évêque de Saint-Étienne,
en la fête de l'Épiphanie 2021.

Sommaire

MODULE 6

MODULE 7

MODULE 8

L'amour est artisanal !

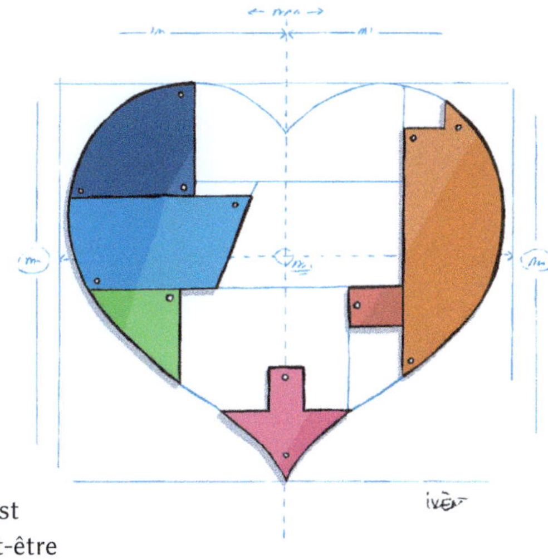

Heureux, bienheureux ceux qui s'aiment et veulent s'aimer toute leur vie ! Cela est non seulement possible, mais aussi source de grand bonheur ! Est-ce facile ? Peut-être pas, mais le bonheur bon marché est de ces substances solubles dans l'eau tiède qui font les cafés insipides et les unions passagères. S'engager dans un mariage indissoluble, choisir de s'aimer pour toujours et de construire un bonheur durable, c'est répondre au désir que chacun porte au plus profond de son cœur. Se marier aujourd'hui est un vrai choix, un choix qui révèle une rafraîchissante foi en l'amour et met en échec les prophètes de la désespérance, prompts à annoncer une apocalypse dès que deux tourtereaux font des projets d'avenir.

S'il n'est plus très à la mode de se marier, nos paroisses ont toujours l'immense joie d'accueillir des amoureux désireux de s'unir devant Dieu. Ce ne sont pas les derniers des Mohicans, mais de vrais prophètes du Royaume des cieux ! Combien réalisent cependant, en poussant la porte de la maison paroissiale pour la première fois, la grandeur du sacrement qu'ils viennent demander ? Combien imaginent l'abondance des grâces du mariage sacramentel ? Combien savent que le Christ lui-même s'invite à leurs noces et que leur union, scellée en Dieu, sera signe du grand mystère d'amour qui unit le Christ à son Église ? Quelle joie pour nous qui les accompagnons vers le mariage, de leur faire découvrir, peu à peu, qu'il ne s'agit pas d'un petit coup de goupillon assorti d'une jolie bénédiction, pour « régulariser », mais d'une grâce exceptionnelle !

Que va-t-on bien pouvoir apprendre à des fiancés dont la plupart mènent une vie commune depuis plusieurs années et ont déjà, éventuellement, quelques beaux enfants ? Plus, bien plus, qu'ils ne le croient ! Passer de la communauté de vie à la communion et au don, du « pour l'instant » au « pour toujours » n'est pas si simple. Peu ont réfléchi à la genèse de leur amour, aux fondations de leur couple, de leur famille. Peu ont mis des mots sur leur projet de vie, leurs valeurs, le lien qui les unit. Peu ont échangé sur ce qui habite le plus profond de leur cœur. On conçoit, dès lors, tout l'intérêt qu'ils vont trouver à la préparation au mariage si celle-ci, en les rejoignant « là où ils sont », les invite à avancer dans la confiance pour grandir dans l'amour.

Il ne s'agit pas de recouvrir *in extremis* les futurs époux d'un petit vernis psycho-catho à séchage rapide, mais de leur offrir une formation intégrale et équilibrée. Il faudra consolider les assises humaines du couple pour poser les bases d'une union solide, durable et heureuse, mais aussi aider les fiancés à mesurer la beauté et les exigences du sacrement de mariage et à discerner si c'est bien ce qu'ils veulent vivre, afin que leur « oui » soit pleinement libre et responsable. Mettre Dieu dans sa vie n'est pas un petit bonus, mais un choix qui engage. La mission des équipes paroissiales chargées de la préparation au sacrement de mariage est donc une mission sacrée - et une sacrée responsabilité !

Si l'amour est « artisanal », comme le prétend le pape François, il ne peut être bricolé ! Il doit être patiemment ciselé, poli, enrichi, restauré quand il s'ébrèche, constamment remis sur le métier. Chaque couple est une œuvre unique façonnée par les amoureux ; tout l'art de la préparation au sacrement de mariage consiste à leur offrir un accompagnement qui leur permette de le construire un peu plus solidement chaque jour, en se donnant pleinement l'un à l'autre pour, ensemble, s'ouvrir à l'amour de Dieu.

Le petit ouvrage que vous tenez entre vos mains n'est ni un traité de théologie sur le sacrement de mariage, ni un essai sur l'amour conjugal, mais un outil, artisanal lui aussi, à l'intention de ceux qui accompagnent les fiancés vers le mariage chrétien. Adossé à la parole de Dieu et assorti de supports visuels simples et joyeux, ce parcours de préparation au mariage est adapté à un public peu catéchisé. Il propose une formation intégrale concrète et une progression logique, pour un discernement authentique. Malgré ses limites et ses pauvretés, il aidera, espérons-le, les missionnaires de la préparation au sacrement de mariage à remplir leur mission le cœur plein de joie et de gratitude envers celui dont ils ont tout reçu.

1.

Sacrée mission !

Les missions, quelle aventure ! Voilà qui évoque les contrées lointaines, les Pygmées et les martyrs. Combien de missionnaires ont donné leur vie pour annoncer l'Évangile aux nations ? Tout cela, cependant, semble appartenir à un lointain passé : les missions nous paraissent aussi anciennes que la conquête de l'Ouest… La mission, pourtant, n'est pas passée de mode et elle est à notre porte. Pas besoin d'aller très loin pour annoncer Jésus ! Les patients catéchistes de la paroisse voisine, les fidèles qui préparent des couples au mariage chrétien ou accompagnent les familles en deuil ne sont pas des missionnaires de second choix, loin de là !

> *« Allez !*
> *De toutes les nations*
> *faites des disciples :*
> *baptisez-les au nom*
> *du Père, du Fils*
> *et du Saint-Esprit,*
> *apprenez-leur*
> *à observer tout ce que*
> *je vous ai commandé. »*
> Mt 28,19-20

1. ALLEZ !

Ce qui fait le missionnaire, ce sont les sacrements de l'initiation chrétienne : tout baptisé qui a reçu la confirmation et se nourrit de l'eucharistie est missionnaire *de facto*. **Porter aux autres l'amour de Jésus et la joie de l'Évangile est le cœur de la mission de l'Église et la vocation de tout chrétien, quel qu'il soit.** La foi est notre trésor ? Partageons-le !

Le Christ est venu sauver *tous* les hommes, pas simplement quelques petits chanceux qui passaient au bon endroit au bon moment. Il ne nous dit pas : « *Vas-y si tu le sens, si tu as des RTT et des sandales, dis bonjour à la dame et fais bien attention de ne déranger personne* » mais : « *Venez à ma suite* » (Mc 1,17), « *Allez, baptisez, enseignez* » (Mt 28,19-20) !

La conviction du dominicain Henri-Dominique Lacordaire :
« Ce n'est pas seulement pour vous que le Soleil de Justice a été allumé en vous ; c'est pour qu'il éclaire tout autour de vous. »

> *« Quand viendra*
> *le Défenseur,*
> *que je vous enverrai*
> *d'auprès du Père, lui,*
> *l'Esprit de vérité*
> *qui procède du Père,*
> *il rendra témoignage*
> *en ma faveur.*
> *Et vous aussi, vous allez*
> *rendre témoignage,*
> *car vous êtes avec moi*
> *depuis le commencement. »*
> Jn 15,26-27

2. MISSION IMPOSSIBLE ?

Appelés à rejoindre une équipe de préparation au sacrement de mariage, nous avons peut-être l'impression que la mission nous dépasse. Évidemment, qu'elle nous dépasse, mais le Seigneur nous la confie quand même. Depuis l'appel des premiers disciples, il confie l'annonce du Royaume à des gens a priori peu qualifiés. Décidément, ses pensées ne sont pas nos pensées, et ses chemins ne sont pas nos chemins, soupirait déjà, en son temps (lointain), le prophète Isaïe (Is 55,8) !

Jésus nous l'a promis à maintes reprises : l'Esprit Saint que le Père enverra en son nom nous enseignera, nous guidera, nous fortifiera. (Jn 14,17 ; 14,26, etc.).

Nous sommes pauvres, mais nous ne sommes ni seuls, ni démunis : la puissance de l'Esprit ne demande qu'à se déployer en nous, au-delà de nos limites, de nos faiblesses, de notre péché. Devenus apôtres et remplis de l'Esprit Saint par la confirmation, nous avons tout ce qu'il faut pour faire des missionnaires de premier choix.

La question du jésuite Jean-Nicolas Grou :
« Comment serons-nous pusillanimes si nous croyons, comme nous le devons, que notre force est la force même du Tout-Puissant ? »

La recommandation de saint Jean Bosco
« Faites tout ce que vous pouvez ; Dieu fera ce que vous ne pouvez pas faire. »

3. ALLUMER LE FEU !

« *Dirige ton chemin vers le Seigneur, fais-lui confiance, et lui, il agira.* »
Ps 36

Il ne s'agit pas d'électriser les foules, mais, tout simplement, d'accompagner des couples pour les aider à vivre le meilleur de ce qu'ils portent, les aider à répondre à leur vocation au don et à la communion, à grandir dans l'amour et à découvrir à quel point Dieu les aime. Faisons avec le réel, en restant ambitieux.

La vraie question, ce n'est pas ce que nous allons dire, comment nous allons le dire, comment nous allons nous organiser, mais comment nous allons nous laisser habiter par le Christ pour être capables de témoigner de son amour, comment nous allons **laisser l'Esprit Saint travailler en nous**, à travers nous. Ni notre générosité, ni notre génie ne feront de nous des missionnaires, c'est l'œuvre de Dieu en nous, la puissance de l'Esprit qui portera du fruit, et elle seule.

Le conseil de sainte Teresa de Calcutta :
« Laissez à Jésus les mains libres et permettez-lui de vous utiliser sans vous consulter. »

Regardons les Apôtres, dont la flamme missionnaire, allumée à la Pentecôte, a été si féconde ; relisons les Actes des Apôtres, les lettres de Paul : que de flammes ! Et surtout, quel feu !

L'encouragement de Johnny :
« Il suffira d'une étincelle,
Oui, d'un rien, oui, d'un geste
Il suffira d'une étincelle,
Et d'un mot d'amour, oui pour…
Allumer le feu ! »

4. MISSIONNER SANS DÉMISSIONNER

« *Moi, j'ai planté, Apollos a arrosé mais c'est Dieu qui donne la croissance.* »
1 Co 3,6

Nous pouvons avoir, à un moment ou un autre, l'impression un peu déroutante de prêcher dans le désert… **Est-ce vraiment fécond ? Dieu seul le sait, il ne nous appartient pas d'en juger.**

L'Esprit nous précède, il prépare le terrain, ouvre les cœurs, débouche les oreilles, pénètre les intelligences, les prédispose à se laisser séduire par l'amour du Christ. Comme le disait autrefois Bernadette à son curé lourdais : *« Je ne suis pas chargée de vous le faire croire, je suis chargée de vous le dire. »*

La question du cardinal André Vingt-Trois :
« Est-ce que nous avons suffisamment confiance dans le fait que la parole du Christ lui-même peut toucher le cœur de l'homme au-delà de nos explications ? Ou bien est-ce que nous sommes tellement dubitatifs devant les jeunes que nous pensons […] qu'ils ne peuvent pas entendre cette parole ? »

5. Prier sans se lasser

Prions, célébrons, louons, intercédons, rendons grâce au Père, adorons, invoquons l'Esprit Saint ! La prière et les sacrements sont le socle de notre vie spirituelle et de notre mission ecclésiale. Suivons donc le sage conseil du Curé d'Ars et faisons du bruit devant le tabernacle au lieu d'en faire dans les journaux !

Le conseil de Victor Hugo :
« Priez ! L'homme a fait plus de chemin sur ses genoux qu'avec ses pieds. »

« Esprit Saint,
âme de mon âme,
je t'adore.
Éclaire-moi, guide-moi,
console-moi.
Dis-moi ce que je dois faire.
Donne-moi tes ordres.
Je promets de me soumettre
à tout ce que tu désires
de moi, et d'accepter
tout ce que tu permets
qu'il m'arrive.
Fais-moi seulement
connaître ta volonté
pour que je sois saint. »
Cardinal Mercier

6. Vivre la mission au cœur de l'Église

Notre mission, nous ne la définissons pas nous-mêmes, nous la recevons du Christ et la vivons au sein de l'Église. C'est donc à elle qu'il revient d'en définir les contours.

L'explication de saint Jean-Paul II :
« La présence du Christ aux hommes de tous les temps se réalise dans son corps qui est l'Église. » (*Veritatis splendor*, n° 25)

Comme ses prédécesseurs, le pape François a maintes fois souligné l'importance de la préparation au sacrement de mariage et en a rappelé les priorités. **Nos évêques, successeurs des Apôtres, nous balisent également le chemin. Nombre d'entre eux ont édicté des préconisations détaillées,** posant les balises d'une préparation au mariage adaptée à leur diocèse. **Elles constituent le repère incontournable pour notre mission.**

L'enseignement de l'Église :
« Qui écoute [les évêques], écoute le Christ. » (Catéchisme de l'Église Catholique, n° 862)

Relisons notamment l'exhortation apostolique *Amoris laetitia* (*La Joie de l'amour*), du pape François, pour comprendre et relever les défis pastoraux relatifs à la famille, puis, tant que nous y sommes, l'exhortation apostolique *Evangelii gaudium* (*La Joie de l'Évangile*), pour réveiller nos réflexes missionnaires.

À lire également :
La préparation au mariage dans le contexte de la nouvelle évangélisation, *Documents Épiscopat*, n° 7, 2014

7. Vivre la mission en paroisse

Notre terreau, c'est **la paroisse**. Chacune a son histoire, son pasteur, ses charismes, sa spécificité. Voilà une richesse qu'il faut se garder d'aplatir ! Puisque, comme nous le rappelait avec sagesse saint François de Sales, nous devons « fleurir là où Dieu nous a plantés », **fleurissons en paroisse !** Jardinier en chef, **le curé** porte la responsabilité de la paroisse et des sacrements qui y sont célébrés. Il guide avec sagesse le troupeau qui lui est confié : chargé de la communion et de la mission au cœur de sa paroisse, il veille à la cohérence pastorale de l'ensemble – ensemble dans lequel la préparation au sacrement de mariage doit s'inscrire harmonieusement. Celle-ci se fait donc sous l'autorité du curé.

Prêtres et diacres ont une place centrale dans la préparation au sacrement de mariage, ils porteront la responsabilité canonique des mariages qu'ils auront célébrés. L'équipe d'animateurs laïcs qui les accompagne vit la mission dans une enrichissante diversité des dons et des vocations.

L'émerveillement d'un curé de campagne :
« Ma paroisse ! [... C'est] une cellule vivante de l'Église impérissable et non pas une fiction administrative ! » (Georges Bernanos)

« Que chacun donne
comme il a décidé
dans son cœur,
sans regret
et sans contrainte,
car Dieu aime celui
qui donne joyeusement. »
2 Co 9,7

8. Vivre la mission en couple

Pour les accompagnateurs laïcs, la préparation au sacrement de mariage a ceci de particulier qu'elle est **généralement un appel de couple et une réelle opportunité pour grandir dans l'amour conjugal**. Lorsqu'on anime un parcours de préparation au mariage, on revisite sérieusement les bases du sien, ce qui est un bienfait non négligeable.

Le pape François nous exhorte à comprendre toujours mieux notre appel spécifique de couples missionnaires, à y répondre généreusement et à le vivre de « manière concrète et créative ». Prenons le temps de discerner l'appel, de découvrir notre mission et d'en accueillir la grandeur et les contours. Servir le Seigneur ensemble, au nom du lien qui nous unit à lui, est une belle grâce et une des multiples fécondités de notre sacrement de mariage.

2.

Sacrés missionnaires !

Au moment d'entamer une réflexion sur la mission qui nous incombe, nous sommes peut-être quelque peu perplexes devant l'ampleur de la tâche ou réticents à l'idée de revoir nos habitudes. Rassurons-nous ! Préparer des fiancés au sacrement de mariage n'a rien de très compliqué : il faut s'investir un peu, certes, mais avec un support détaillé et beaucoup de bon sens, cela va tout seul ! « *Le bon sens fait des hommes capables* », estimait Napoléon. D'autant plus capables, d'ailleurs, qu'ils sont clairement informés des contours et du contenu de leur mission. **Les situations sont très différentes d'une paroisse à l'autre, mais les défis à relever sont partout les mêmes.** Les dix commandements du missionnaire de la préparation au mariage sont universels !

1. LE TEMPS, TU MAÎTRISERAS

« On ne peut appeler "préparation au mariage" trois ou quatre conférences données en paroisse. [...] La préparation doit être mûre et il faut du temps. »

Pape François, audience générale du 24 octobre 2018

Premier défi – et non des moindres : s'inscrire dans le temps. Les évêques de France nous demandent de « *servir la liberté et le discernement des fiancés par un authentique cheminement qui doit s'inscrire dans la durée minimum d'une année.* » (*Documents Épiscopat* n° 7, page 9)

Offrir une formation humaine solide, préparer un sacrement et sa célébration, ouvrir un chemin vers le Christ, tout cela peut difficilement tenir en deux soirées ! La préparation au sacrement de mariage est un chemin – on parle d'ailleurs de « parcours » – qui prend en compte le très proche (discerner, préparer la célébration) et le lointain (fonder un couple pour la vie et ouvrir des âmes à l'éternité).

« L'avenir ne se prévoit pas, il se prépare. » **(Maurice Blondel)**

Proposons **des étapes un peu ritualisées** (messe de l'Alliance ou célébration de fiançailles, retraite, rédaction de la lettre d'intention, etc.) qui permettent de se situer dans un cheminement dynamique et de faire prendre conscience aux couples qu'ils avancent, étape par étape.

Bien utiliser le temps, c'est aussi **varier les formats des rencontres,** pour alterner :

- Temps de réflexion (rencontre en groupe, temps de dialogue à deux), temps de célébration (messe de l'Alliance, soirée « pardon » etc.) et temps de prière (journée de retraite, soirée avec le groupe de louange paroissial etc.).
- Temps de rencontre en groupe et temps d'accompagnement individuel.

Dans notre paroisse, comment cela se passe-t-il ?

- *L'organisation actuelle de la préparation au sacrement de mariage permet-elle un réel cheminement ? Combien de rencontres avons-nous mis en place ? Comment sont-elles rythmées ?*
- *Comment avons-nous prévu d'articuler les formats, entre rencontres individuelles, rencontres en petits groupes, rencontres en grands groupes et rencontres avec la communauté paroissiale ?*

2. Avec amour, tu accueilleras

La chaleur de l'accueil que nous leur réservons, la bonté de notre sourire, de nos paroles et de nos gestes traduisent l'amour du Christ pour ces frères qu'il nous confie. **La fraternité est une dimension essentielle de la mission :** convivialité, simplicité des relations, accueil inconditionnel, bonne humeur, tout cela est essentiel. Nos fiancés sont parfois loin de l'Église, qu'ils aient le sentiment d'avoir trouvé des amis, des frères, une famille. Le lien que nous tissons avec eux est essentiel à la vérité des échanges et donc, à l'authenticité du discernement qu'ils provoqueront.

Pensons également à la convivialité et la beauté des lieux, soignons la qualité de la lumière (le néon de frigo a ses adeptes, mais ils se font rares), du son, des gâteaux (oublions définitivement tout ce qui ressemble de près ou de loin aux biscuits de Médor) etc.

Trois rencontres doivent faire l'objet de tous nos soins : le premier contact, le premier accueil et la première rencontre en groupe. Veillons aux « premières fois », ce sont des moments clés qui conditionnent en partie la manière dont les fiancés s'investiront dans le cheminement qui les conduira devant l'autel – et au-delà.

« Dans l'Église, celui qui accueille manifeste les sentiments du Christ pour la personne accueillie. »
Documents Épiscopat n° 7, page 14

Le premier contact

Lorsqu'ils frappent pour la première fois à la porte de la maison paroissiale, vaguement circonspects et se demandant à quelle sauce à l'eau bénite ils vont être mangés, les fiancés doivent avoir **le sentiment qu'ils sont vraiment bienvenus, attendus comme des amis.**

« *L'idéal du sage, c'est une oreille qui écoute.* »
Si 3,29

Le premier accueil

Individuel, ce rendez-vous est assuré par le célébrant ou un couple formé à cet effet et qui assurera ensuite l'accompagnement du couple. **Premier pas du cheminement – et pas décisif pour les fiancés,** le premier accueil répond à **trois grands objectifs** :

1. Faire connaissance, rassurer, créer un lien de confiance se mettre à l'écoute de l'histoire personnelle et familiale de chacun des fiancés, de leur histoire à deux, de leur histoire avec l'Église. Cela permet de poser les bases de l'accompagnement individuel, essentiel au discernement à venir.

2. Cerner la demande des fiancés, leur désir de se marier à l'Église – et la possibilité canonique de le faire. Vers quoi veulent-ils aller ? Quels sont leurs projets, leurs motivations ? Qu'ont-ils dans le cœur ? Cela permet d'opérer un premier discernement. Il s'agira, dans la grande majorité des cas, **d'ouvrir le chemin,** de présenter les différentes étapes du parcours paroissial, son objectif, ses exigences et sa beauté, de **s'assurer que les fiancés sont**

La prière du roi Salomon

« *Donne à ton serviteur un cœur attentif pour qu'il sache gouverner ton peuple et discerner le bien et le mal.* »
1 R 3,9

disposés à approfondir leur réflexion, et de les aider à prendre conscience qu'ils sont les premiers acteurs de leur préparation au mariage.

Il peut apparaître que, pour différentes raisons, le couple ne pourra pas recevoir le sacrement de mariage. Ne lui fermons pas la porte au nez ! Écoutons attentivement, accueillons sans juger, expliquons quels sont les obstacles, en vérité, avec délicatesse et bienveillance. Dans l'Église, chacun a sa place : proposons un chemin adapté, un accompagnement différent, mais ne laissons JAMAIS personne repartir sans lui avoir ouvert une autre porte, montré une autre perspective. La solidité de la formation et la qualité humaine de l'accompagnateur se révèlent ici capitales.

3. Éventuellement (si c'est le célébrant qui assure ce premier accueil), ouvrir le dossier, qui n'est pas un simple acte administratif, mais également un document pastoral important confié au pasteur.

Attention au démon-douanier qui contrôle l'entrée du territoire !

Devenons des « facilitateurs » de la grâce plutôt que des « douaniers » (Pape François, *Evangelii gaudium* (*La Joie de l'Évangile*), n° 47). **Accueillir les fiancés avec amour, comme ils sont, là où ils en sont, sans jugement ni préjugés, est une règle d'or.**

Encore une recommandation de sainte Teresa de Calcutta !
« Soyez l'expression vivante de la bonté de Dieu : bonté sur votre visage, bonté dans vos yeux, bonté dans votre sourire, bonté dans la chaleur de votre accueil. »

« *Si quelqu'un reçoit celui que j'envoie, il me reçoit moi-même : et celui qui me reçoit, reçoit Celui qui m'a envoyé.* »
Jn 13,20

La première rencontre en groupe

Autre moment clé, la première rencontre en groupe. **Nous ne « gérons » pas un groupe, nous accueillons des frères**. Organiser de petits jeux est un excellent moyen de briser la glace et d'aider les couples de fiancés à aller les uns vers les autres. Certains couples arrivent avec des pieds de plomb ? Qu'ils repartent avec des ailes !

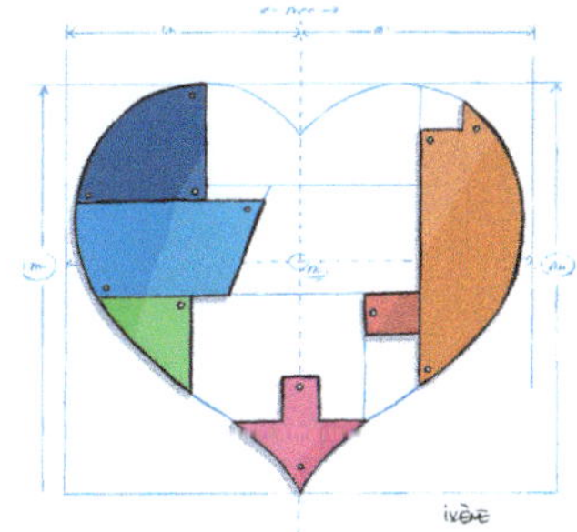

Dans notre paroisse, comment cela se passe-t-il ?

- *Les personnes qui assurent le premier contact sont-elles formées à cet accueil particulier ? En mesurent-elles les enjeux ? La paroisse a-t-elle un flyer gai et coloré à donner aux fiancés, pour prolonger l'accueil et résumer les premières informations importantes ?*
- *Qui est chargé de contacter personnellement les fiancés ? Quel délai moyen entre le premier contact et le premier accueil ?*
- *La première rencontre en groupe est-elle festive ? Comment pourrions-nous en faire un moment un peu exceptionnel ?*

3. Avec prudence, tu discerneras

Les rencontres en groupe ouvrent des portes et balisent le chemin mais **seul un accompagnement personnel** avec le célébrant **va permettre un réel discernement.** Cet accompagnement éprouve la solidité du lien qui unit les fiancés, leur capacité à s'engager, l'opportunité de recevoir le sacrement de mariage et leur volonté de suivre le Christ. Il s'agit de « **libérer leur liberté** », en suscitant une réflexion personnelle qui éclaire leur cœur et leur conscience. Ces rencontres permettent d'approfondir la réflexion et d'aborder, dans le respect et la confiance, les sujets qui touchent à l'intime.

Le discernement porte particulièrement sur les quatre piliers du mariage (liberté, indissolubilité, fidélité, fécondité) qui en conditionnent la validité canonique. Il porte également **sur la solidité du lien qui unit les fiancés** et, éventuellement, **sur certaines fragilités** particulièrement préoccupantes. *Y a-t-il des points qui nous alertent ? Manque de respect mutuel, violence, fragilités et addictions particulièrement inquiétantes etc. ?* **Il s'agit**, pour les accompagnateurs, **de déminer le terrain,** délicatement mais en vérité, pour vérifier que ces fragilités ne mettent pas en danger l'avenir du couple. Lorsqu'elle perçoit des difficultés particulières, l'équipe d'animateurs doit en faire part au célébrant.

« L'art du discernement est précisément l'art de poser les questions pour inviter les fiancés à la réflexion. Il s'agit d'éclairer les consciences. »
Père Pierre-Marie Castaignos, *Est-ce lui ? Est-ce elle ?*, Paris, Salvator, 2019

Dans notre paroisse, comment cela se passe-t-il ?

- *Qui assure l'accompagnement des fiancés et les aide dans leur discernement ?*
- *Avons-nous la liberté de juger des situations sans juger les personnes, pour un discernement objectif (basé sur des faits et non sur un ressenti) ? Osons-nous aborder les points qui nous posent question avec les fiancés, sans être intrusifs et avec délicatesse mais en vérité ? En débattons-nous en équipe, avec le curé de la paroisse ?*

« *Amour et vérité se rencontrent, justice et paix s'embrassent.* »
Ps 84

4. Une formation intégrale, tu offriras

De quoi allons-nous parler ? D'amour, rien que d'amour ! **Notre mission, c'est d'ouvrir les cœurs** à l'amour humain, à l'amour de Dieu, au don de soi et à la communion. Nous allons proposer une formation intégrale selon trois axes principaux : la vie de couple, le sacrement de mariage et la vie chrétienne.

Réfléchir sur la vie de couple

Même s'ils vivent ensemble depuis belle lurette, nos fiancés ont rarement eu l'occasion de réfléchir au lien qui les unit. Reprendre les fondamentaux d'une vie de couple paisible et épanouie, dans sa dimension humaine et affective, est essentiel pour **aider les futurs époux à s'inscrire dans la durée et à croître dans l'amour.** Le discours que nous tenons est absolument nouveau pour la plupart d'entre eux : on leur a parlé d'amour mais pas de communion, du développement personnel mais pas du don de soi, de sexe mais pas de sexualité. Ils sont heureux d'apprendre à mieux se connaître, heureux de réfléchir à leur histoire, à leurs fonctionnements, à leurs joies et à leurs difficultés. *Comment s'enrichir de nos différences ? Comment vivre avec ? Pourquoi a-t-on tant de difficultés à aimer, à être fidèle, patient, à rendre service etc. ? Pourquoi faut-il communiquer et comment fait-on ? Quelle est la place de la sexualité dans un couple ? Et celle du pardon ?* Tout cela les passionne ! Nous abordons des sujets sur lesquels ils ont peu échangé, **nous**

« La pastorale prématrimoniale et la pastorale matrimoniale doivent être avant tout une pastorale du lien, par laquelle sont apportés des éléments qui aident tant à faire mûrir l'amour qu'à surpasser les moments durs. Ces apports [...] doivent [...] être des parcours pratiques, des conseils bien concrets, des tactiques issues de l'expérience, des orientations psychologiques. »
Pape François, *Amoris laetitia* (*La Joie de l'amour*), n° 211

les aidons à réfléchir sur leur projet de vie jusque dans ses dimensions les plus concrètes (dans leur rapport à la famille, aux amis, à l'argent, à la vie professionnelle, à l'éducation des enfants etc.) : ancrés dans le réel, proches de ce qu'ils vivent (et vivront), nous les aidons à re-poser des bases saines pour leur vie de couple.

Se préparer au sacrement de mariage

La plupart des fiancés attendent une petite bénédiction, ils n'ont qu'une idée très vague du sacrement qu'ils demandent à recevoir. À nous de les éclairer sur la grandeur et la beauté du mariage chrétien mais aussi sur ses exigences.

- En replaçant l'amour humain dans le grand projet d'amour de Dieu pour l'homme, et le sacrement de mariage dans la perspective du Salut, la **théologie du corps** permet une approche lumineuse et intégrale du mariage : l'amour de Dieu, l'amour des fiancés, le sacrement de mariage, le Salut, tout se tient, tout est lié !
- Il nous revient également d'éclairer le consentement à venir en insistant sur **les quatre piliers du sacrement de mariage**. À nous de favoriser un réel discernement sur l'opportunité d'un mariage sacramentel, en étant clairs sur ce qu'il implique, afin de permettre aux fiancés de s'y engager le plus librement possible.
- Prenons enfin le temps de **préparer la célébration** elle-même. Beaucoup de couples sont totalement démunis devant cette question qui fait, bien entendu, l'objet d'une discussion avec le célébrant qui éclaire, guide et valide les choix des fiancés.

> « Dans la préparation au mariage sacramentel, tout l'art de l'accompagnement doit aider les fiancés à prendre la décision libre et responsable de demander, ou non, à recevoir le sacrement. »
>
> Documents Épiscopat n° 7, page 16

Poser les bases de la vie chrétienne dans le mariage

Préparer les fiancés à mener une authentique vie chrétienne à deux est le troisième volet de la mission. Il s'agit, à travers **une initiation chrétienne centrée sur l'essentiel**, de permettre un cheminement de type catéchuménal pour que les fiancés passent du souhait de « passer devant m'sieur l'curé » à celui de découvrir le Christ et d'accueillir pleinement le don de Dieu pour mener une vie chrétienne authentique.

> « Il est important d'éclairer les fiancés pour qu'ils vivent vraiment en profondeur la célébration liturgique, les aidant à percevoir et à vivre le sens de chaque geste. »
>
> Pape François, *Amoris laetitia (La Joie de l'amour)*, n° 213

Dans notre paroisse, comment cela se passe-t-il ?

- *Comment abordons-nous les questions qui touchent à l'affectivité ?*
- *Connaissons-nous l'enseignement de l'Église sur le sens profond de la sexualité, sur l'articulation de sa dimension humaine et de sa dimension spirituelle ? Sommes-nous à l'aise avec cet enseignement ?*
- *Les quatre piliers du mariage posent généralement peu de problèmes ! En quoi notre manière de les aborder favorise-t-elle (ou pas !) le discernement des fiancés ?*

5. LA BONNE NOUVELLE, TU ANNONCERAS

La prière de saint Hilaire de Poitiers

« Accorde-nous donc, Seigneur, le sens exact des mots, la lumière de l'intelligence, la noblesse du langage, l'orthodoxie de la foi ; ce que nous croyons, accorde-nous de l'affirmer aussi. »

Prosélytisme déplacé ?

Nous nous adressons à des couples venus de leur plein gré demander à l'Église un sacrement dans lequel Dieu s'engage à leurs côtés. Le minimum est de leur dire qui est ce Dieu avec lequel ils vont faire ménage à trois. Nous ne piégeons personne ! Les fiancés doivent toujours sentir que **nous nous adressons à leur liberté**, que nous ne cherchons pas à les convaincre mais à leur partager des convictions, une expérience qui éclairent notre vie quotidienne. La foi est avant tout un don de Dieu que chacun peut accepter ou refuser, elle est un choix personnel et libre. La manière dont chacun répond à l'amour de Dieu est une affaire entre lui et Dieu.

La consigne de Pie XII :
« Vous devez être capables de rendre compte de vos convictions. »

« Accueillir les couples tels qu'ils sont n'interdit pas d'être « ambitieux » pour eux ! L'Église veut leur transmettre la beauté de la vision chrétienne du mariage et susciter le désir de vivre une telle vocation [...] Elle présume [qu'ils] sont en attente d'un don qu'ils ne soupçonnent souvent pas encore. »

Documents Épiscopat n° 7, page 15

Au cœur de la Nouvelle Évangélisation

Comme le fait souvent remarquer le pape François, ce n'est pas une brebis qui folâtre dans les prés pendant que les quatre-vingt-dix-neuf autres sont bien sages dans la bergerie mais l'inverse ! La préparation des couples au sacrement de mariage s'inscrit dans la grande mission de **la Nouvelle Évangélisation**, qui est de permettre aux quatre-vingt-dix-neuf brebis en vadrouille de rencontrer le Bon Berger.

Ouvrir les cœurs au Christ et à sa Parole, aider les fiancés à saisir la dimension sacrée de leur amour et de leur engagement, les encourager à accueillir Dieu dans leur couple et dans leur vie, c'est notre cœur de métier. La Bonne Nouvelle du Salut n'est pas réservée à une élite de petits veinards, elle est pour tous. Le décalage entre ce que les futurs époux attendent du sacrement de mariage et ce que le Christ veut pour eux, donne parfois le vertige ! Ils sont à mille lieues de penser que leur union signifiera celle du Christ et de l'Église et que le sacrement qu'ils demandent leur donnera la grâce de s'aimer de l'amour même dont le Christ aime l'Église, son épouse ! « *Il est grand ce mystère !* » s'écrie saint Paul. Oui, il est grand, car il est à la taille de Dieu, mais bien peu de nos fiancés en ont conscience. À nous de les rejoindre pour les emmener un peu plus loin qu'ils ne l'avaient prévu au départ. Soyons ambitieux et réalistes, avançons pas à pas, mais avançons dans la confiance.

« [Les fiancés] ont besoin de se baser sur le terrain solide de l'amour fidèle de Dieu. Et c'est pourquoi, avant de recevoir le sacrement du mariage, une préparation soignée est nécessaire, je dirais un catéchuménat, parce qu'on met en jeu toute sa vie dans l'amour, et avec l'amour on ne plaisante pas. »

Pape François, audience générale, 24 octobre 2018

Un cheminement catéchuménal

Beaucoup de fiancés sont peu ou pas catéchisés. Il ne s'agit pas de leur rappeler quelques fondamentaux, mais bien de se lancer dans une première annonce de la foi, de leur donner l'occasion de rencontrer le Christ et de les préparer à assumer une vie chrétienne dans le mariage. Pour reprendre une belle expression chère au pape Benoît XVI, on pourrait dire que la préparation au sacrement de mariage doit être « *un chemin d'illumination* », car, comme il se plaît à l'expliquer, « *à l'origine du fait d'être chrétien, il n'y a pas une décision éthique ou une grande idée, mais la rencontre avec un événement, avec une personne, qui donne à la vie un nouvel horizon et par là son orientation décisive* ». (Lettre encyclique *Deus caritas est* (*Dieu est amour*), n° 1). Cette personne, c'est Jésus.

Une annonce kérygmatique

Il ne s'agit pas de caser un maximum de catéchisme en un minimum de temps ! Visons le centre de la cible. Et le centre, bien entendu, c'est **Jésus.** Or, *« ce Jésus, Dieu l'a ressuscité [...], nous tous, nous en sommes témoins ».* (Ac 2,32), atteste Pierre. Nous le proclamons : **mort pour nos péchés, Jésus est ressuscité pour nous donner la vie éternelle.** Le *kérygme,* première annonce du Salut, est le noyau dur de notre foi. Nous ne convertirons personne à coups de théories, d'injonctions moralisantes ni de goupillon, mais peut-être toucherons-nous les cœurs en leur disant que le Christ est proche d'eux, qu'il les aime tant qu'il a donné sa vie pour eux ?

Faire résonner la parole de Dieu

Quoi de plus évident, pour faire découvrir Jésus, que de faire résonner sa Parole ? Chaque rencontre comporte un temps – **court et dense** – réservé à la parole de Dieu. Proposons différents formats : un partage d'Évangile, une méditation guidée par un accompagnateur, une simple lecture priante après laquelle chacun relève un verset, ou suivie de deux ou trois pistes de réflexion très concrètes. Varions les formats ! Il y a plusieurs façons d'approcher la parole de Dieu, **l'essentiel est de montrer que cette Parole est pour nous, qu'elle est actuelle**, qu'elle nous parle à nous, aujourd'hui !

Initier à la prière

Une initiation à la prière fait partie intégrante de chaque rencontre. **Calibrons nos propositions** en fonction de notre public : soyons ambitieux avec ceux qui ont déjà une vie spirituelle authentique, **restons très simples** avec les autres. Chacun doit être bien nourri – mais pas gavé ! Sachons faire court, simple et vrai ; se mettre en présence du Seigneur est une expérience nouvelle pour beaucoup.

Offrons aux fiancés la possibilité d'une prière personnelle au cours de nos rencontres, en proposant quelques moments de conversation sur le vif avec le Seigneur. Ils comprendront, en en faisant l'expérience, que la prière n'est pas une savante affaire réservée au pape et aux mystiques hors sol, mais qu'elle est, pour eux aussi, un appel très doux et dont la réponse peut être très simple.

Un pas après l'autre

L'annonce de la foi, c'est **la politique des petits pas**. Notre objectif ? « ***C'est qu'ils soient [ ] entraînés à faire un pas de plus vers le Christ.*** » (Cardinal André Vingt-Trois) Et ce pas, évidemment, est différent pour chacun, ce qui ne nous simplifie pas la tâche ! **Soyons donc ambitieux en restant réalistes,** adaptons-nous à ce que chacun peut recevoir.

Dans notre paroisse, comment cela se passe-t-il ?

- *L'Évangile nous presse-t-il réellement ? Sommes-nous prêts à conduire nos fiancés au Christ et à l'Église ? À témoigner de notre foi ?*
- *Quel temps consacrons-nous à la parole de Dieu dans nos rencontres ? Avons-nous suffisamment confiance dans le fait qu'elle peut toucher le cœur de chacun ?*
- *Comment vivons-nous les temps de prière lors de nos rencontres ? Sont-ils suffisants, adaptés ?*

“

« Nous avons vu et nous attestons que le Père a envoyé son Fils comme Sauveur du monde. »

1 Jn 4,14

« Le plus important est la première annonce : "Jésus Christ t'a sauvé !" »

Pape François, 13 septembre 2013

“

« La foi naît de ce que l'on entend, et ce que l'on entend, c'est la parole du Christ. » Rm 10,17

« Il ne serait pas bon qu'ils arrivent au mariage sans avoir prié ensemble [...]. Ceux qui les accompagnent dans la préparation du mariage devraient les orienter pour qu'ils sachent vivre ces moments de prière qui peuvent leur faire beaucoup de bien. »

Pape François, *Amoris laetitia* (*La Joie de l'amour*), n° 216

« Quand quelqu'un fait un petit pas vers Jésus, il découvre que celui-ci attendait déjà sa venue à bras ouverts. »

Pape François, *Evangelii gaudium* (*La Joie de l'Évangile*), n° 3

6. Avec simplicité, tu témoigneras

Le constat de Paul VI

« L'homme contemporain écoute plus volontiers les témoins que les maîtres, ou s'il écoute les maîtres, c'est parce qu'ils sont des témoins. Il éprouve en effet une répulsion instinctive pour tout ce qui peut apparaître mystification, façade, compromis. Dans un tel contexte, on comprend l'importance d'une vie qui résonne vraiment de l'Évangile ! »

Paul VI, audience générale, 2 octobre 1974

Témoigner par notre vie

Nous pourrons faire des discours sur l'amour à pleurer dans les chaumières, si nous ne les incarnons pas, cela n'aura évidemment aucun sens. Le témoignage de vie que nous offrons aux fiancés parle de lui-même.

Enseigner, c'est donner du contenu ; témoigner, c'est avoir de la contenance. *Quel exemple de couple, quel témoignage d'amour conjugal, de complicité, de respect, d'écoute mutuelle donnons-nous ? Comment nous parlons-nous, nous regardons-nous, nous complétons-nous lors des rencontres avec les fiancés ?* **La cohérence entre ce que nous vivons et ce que nous prêchons est, en soi, un témoignage.**

Les couples heureux, les chrétiens heureux rayonnent, leurs yeux et leur sourire parlent d'eux-mêmes.

Témoigner par la parole

Témoigner, ce n'est pas se raconter en long, en large et en biais, mais, au cours des échanges, donner des exemples qui touchent à notre propre vie, avec **naturel et sincérité**. On s'expose forcément un peu, mais les fiancés sont heureux de voir que nous vivons les mêmes choses qu'eux, les mêmes joies, les mêmes difficultés et que nous les surmontons – non comme des héros, mais comme des pauvres qui, quand ils tombent, se relèvent en s'accrochant à la main de Dieu. Témoigner permet de dévoiler **comment le sacrement de mariage consolide chaque jour notre lien, comment nous vivons notre vie de chrétiens, bref, de montrer Dieu à l'œuvre dans notre vie.**

Gare aux confessions fleuves, au pathos sans frein et aux déballages publics ! Le secret du témoignage ? **La chasteté**, qui permet de ne pas s'étendre sur soi, de ne pas chercher à être admiré, d'avoir un ton, une attitude, une parole justes. Préparons soigneusement de microtémoignages (2-3 min) positifs sur les joies et les difficultés traversées, sans nous noyer dans les détails, en montrant comment nous les avons vécues et dépassées. Ne témoignons que de ce qui est apaisé, avec simplicité.

L'expérience de sainte Teresa de Calcutta

« L'important, ce n'est pas ce que nous disons, mais ce que Dieu nous dit, et ce qu'il dit à travers nous. »

« Le témoignage personnel de la façon dont le Seigneur a agi dans notre vie, quand il est animé par l'humilité et le désir de la gloire de Dieu, est une des formes les plus efficaces d'évangélisation. »

Père Raniero Cantalamessa

Pour nous, comment cela se passe-t-il ?

- *Sommes-nous cohérents ? Notre manière de vivre parle-t-elle de notre foi ?*
- *Osons-nous témoigner ouvertement de notre foi ? Qu'est-ce qui nous y pousse ? Qu'est-ce qui nous retient ? Quelle est notre posture intérieure et extérieure, lorsque nous animons une rencontre avec des fiancés ?*

7. Avec ingéniosité, tu intégreras

Intégrer les paroissiens dans la mission

Soutenir les couples et les familles, préparer les sacrements, annoncer la Bonne Nouvelle et témoigner des merveilles de Dieu ne sont pas réservés à quelques experts qui « gèrent » pendant que les autres applaudissent. **Tous sont concernés**, ne serait-ce que par la prière. N'hésitons pas à demander de l'aide pour la logistique des rencontres avec les fiancés, ou pour l'animation de petits groupes de partage. L'enrichissement mutuel est garanti !

> « La préparation des sacrements concerne toute la communauté ecclésiale. »
>
> *Documents Épiscopat*, n° 7, page 18

Intégrer les fiancés dans la vie paroissiale

La préparation au sacrement de mariage devrait être, pour les fiancés, **une authentique expérience ecclésiale et familiale** et non une parenthèse un peu exotique dans leur vie. Donnons-leur la possibilité de rencontrer la communauté paroissiale de manière chaleureuse et vivante, et donnons à la paroisse la joie de les accueillir, de les connaître et de prier pour eux.

Nous pouvons inviter les fiancés à un dîner paroissial, à une conférence sur le couple, mais aussi, évidemment, à la messe de Noël et de Pâques, à **l'eucharistie dominicale,** à **une soirée de louange, une soirée dans une fraternité missionnaire de quartier** etc. en veillant à ce qu'ils soient accompagnés et accueillis.

Certaines paroisses organisent des **parrainages** : chaque couple de fiancés est accompagné par un couple de paroissiens chargé de l'intégrer dans la communauté paroissiale et de lui offrir le témoignage joyeux de chrétiens accueillants et chaleureux. Quelle fécondité !

D'autres paroisses demandent à chaque couple de fiancés de **rendre service** dans la paroisse une fois au cours de son cheminement (aide pour la garderie pendant la messe dominicale, aide logistique pour une soirée du Parcours Alpha, aide pour la distribution de la soupe populaire etc.). Cela permet de créer des liens avec les paroissiens habituellement chargés de ce service qui les accueillent joyeusement.

> « La situation sociale complexe et les défis auxquels la famille est appelée à faire face exigent de toute la communauté chrétienne davantage d'efforts pour s'engager dans la préparation au mariage des futurs époux. »
>
> Pape François, *Amoris laetita* (*La Joie de l'amour*), n° 206

Dans notre paroisse, comment cela se passe-t-il ?

- *À quelles occasions les couples de fiancés rencontrent-ils la communauté paroissiale ?*
- *Que pourrions-nous mettre en place ou améliorer dans notre organisation actuelle pour développer l'intégration des fiancés à plus long terme dans la paroisse ?*

8. LA JOIE, TU SÈMERAS

> « Tu peux étudier, suivre des cours d'évangélisation, ce qui est bien, mais la capacité de réchauffer les cœurs ne vient pas des livres, elle vient du cœur. Si ton cœur brûle d'amour pour Jésus Christ, tu es un bon évangélisateur. »
>
> Pape François, discours aux jeunes consacrés, 27 octobre 2015

Donner une âme

Animer est affaire de disposition intérieure. **On anime en fonction de ce qui nous anime** : animer, c'est donner une âme, faire passer dans nos mots, dans notre regard, dans notre sourire, quelque chose de la vie, de la foi et de la joie qui nous habitent.

Faire preuve de délicatesse et de prudence

Respecter la liberté des personnes est un point fondamental. Faisons preuve de **prudence**, de **douceur** et de **délicatesse,** dans notre manière d'aborder les sujets qui touchent à l'amour et à l'intimité du couple aussi bien que dans l'annonce de la foi.

La consigne de saint François de Sales :
« Faites donc des provisions de douceur, de bonté, de bienveillance. [...] Il ne suffit pas de mettre de la douceur dans nos paroles, encore faut-il en avoir au-dedans de nous. »

Permettre le dialogue

Dialoguer avec les fiancés, les faire participer lors de nos rencontres est un art difficile. L'interactivité est essentielle : **nous ne dispensons pas des cours, nous organisons des rencontres.** La participation des fiancés les rend proactifs de la démarche dans laquelle ils sont engagés, elle les ouvre aux autres, à d'autres manières de penser, de parler, d'agir.

Le roi Salomon demandait au Seigneur « un cœur qui écoute », le prophète Jérémie, « un cœur pour connaître » : essayons de « rejoindre » véritablement les fiancés, de les comprendre, de faire émerger ce qu'ils ont du mal à exprimer grâce à de petits groupes de partage, **sans être intrusifs.**

Bien utiliser ses outils

> « Les bons outils font les bons ouvriers ! »
>
> La sagesse populaire

Animer, bien sûr, c'est aussi **mettre un peu d'animation,** prévoir des outils visuels, des jeux etc. N'oublions pas, cependant, que **la forme est toujours au service d'un fond solide**. Une vidéo, une présentation PowerPoint, une petite histoire sont des outils à manier avec art ! Rappelons-nous, par exemple, qu'une vidéo est toujours **au service d'un enseignement structurant.** Utilisée « à sec », c'est-à-dire sans faire l'objet d'un vrai débat, elle risque de poser plus de questions qu'elle n'en résoudra.

> « Je tressaille de joie dans le Seigneur, mon âme exulte en mon Dieu. Car il m'a vêtue des vêtements du Salut. »
>
> Is 61,10

Semer la joie !

La belle découverte de Chesterton :
« La joie est le secret gigantesque du chrétien. »

Faire rire est le secret gigantesque du missionnaire !

Un des signes de la présence de l'Esprit Saint et de sa grâce agissante, c'est la joie. Elle est, dit saint Paul, un fruit de l'Esprit (Ga 5,22). Pas forcément démonstrative mais toujours visible, elle vient de la certitude que le Christ nous a sauvés et que rien ne nous séparera de l'amour de Dieu.

Attention à la « *psychologie de la tombe* *qui transforme peu à peu les chrétiens en momies de musée* » ! (Pape François, *Evangelii gaudium, La Joie de l'Évangile*, n° 83) Ça manque de feu, ça manque de vie !

L'antidote ? Approfondissons notre relation à Dieu, contemplons son visage, méditons sa Parole. Plus nous serons proches de Dieu, plus grande sera notre joie !

Restons fermes dans la foi, ancrés dans l'espérance, constants dans la charité et inoxydables dans la joie !

Dans notre paroisse, comment cela se passe-t-il ?

- *Animer ou réanimer ? Faut-il réanimer nos fiancés après deux heures ? Peut-être est-ce le signe qu'il y a quelque chose d'un peu plus dynamique à mettre en place ?*
- *Quel type d'outils utilisons-nous ? Que pourrions-nous trouver pour dynamiser nos rencontres ?*

Un dernier conseil de sainte Teresa de Calcutta :
« Rayonnez le Christ ! »

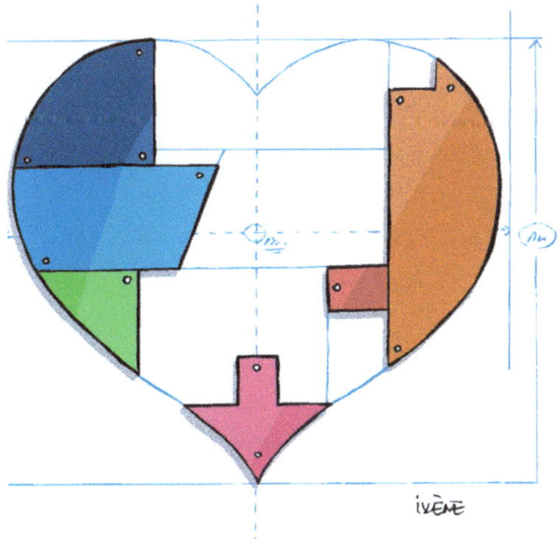

« Soyez toujours dans la joie. »
1 Th 5,16

Le constat du pape Benoît XVI

« Là où la joie fait défaut, là où l'humour meurt, il n'y a pas non plus l'Esprit Saint, l'Esprit de Jésus Christ. Et inversement : la joie est un signe de la grâce. »

Cardinal Joseph Ratzinger, *Le Dieu de Jésus Christ*, coll. Communio, Fayard, Paris, 2005

9. LA ROUTINE, TU COMBATTRAS

Évoluer, s'adapter, se renouveler

L'ennemi n° 1 du missionnaire, c'est le train-train.
Le doux ronron de la routine nous berce ? Au secours, voilà l'acédie qui guette !
Osons remettre régulièrement en question notre fonctionnement, nos méthodes, notre discours pour vérifier qu'ils sont en adéquation avec notre mission et ajustés au monde dans lequel nous la vivons. La Nouvelle Évangélisation suppose des attitudes nouvelles, des outils nouveaux, un dynamisme nouveau. Laissons-nous entraîner !

« La pastorale en terme missionnaire exige d'abandonner le confortable critère pastoral du "on a toujours fait ainsi". J'invite chacun à être audacieux et créatif dans ce devoir de repenser les objectifs, les structures, le style et les méthodes évangélisatrices de leurs propres communautés. »

Pape François, *Evangelii gaudium* (*La Joie de l'Évangile*), n° 33

Le conseil de saint Augustin :
« Ajoute toujours, avance toujours, marche toujours. Qui n'avance pas piétine ! »

Attention au démon des habitudes ! ***Je ronronne, donc je suis !***

« Compte tenu des évolutions sociales et des enjeux de la mission, tous les acteurs ont des conversions pastorales à vivre » (*Documents Épiscopat* n° 7, p. 18 et 19) : une conversion spirituelle d'abord (pour laisser l'Esprit Saint agir), mais aussi une conversion de mentalité, (pour proposer la foi) et d'attitudes (il ne faut pas céder au respect humain, pour être créatifs et ambitieux). Il ne s'agit pas forcément d'en faire plus, mais de le faire différemment, d'**injecter un surcroît de foi et de dynamisme dans notre engagement** – un peu comme la touche « turbo » du lave-vaisselle qui intensifie la puissance de lavage !

Se former pour la mission

La formation est un aspect important de la vie chrétienne. La foi du charbonnier va pour le charbonnier. Celle du missionnaire a besoin d'un peu plus de substance. Approfondissons nos connaissances en sciences humaines, travaillons l'enseignement de l'Église sur le couple et le mariage – la théologie du corps, notamment – le forum Wahou, vous connaissez ? (https://www.forumwahou.fr/)

La remarque de saint Jean-Paul II :
« La foi et la raison sont comme les deux ailes qui permettent à l'esprit humain de s'élever vers la contemplation de la vérité. » (*Fides et Ratio*, introduction)

Attention au démon de l'autoréférentialité ! ***Je pense de manière originale, donc je suis !*** Toutes les hérésies sont issues d'esprits brillants sans être lumineux qui ont troqué la doctrine chrétienne contre des schémas personnels séduisants mais erronés.

L'antidote ? L'humilité. Nous ne transmettons pas notre propre foi, mais celle que l'Église a reçue des Apôtres. Travaillons le magistère afin de ne pas transmettre nos petites hérésies maison, mais la pensée, la sagesse séculaire de l'Église. Le *Catéchisme de l'Église catholique* en détaille tous les aspects de manière particulièrement claire et concise (n° 1 601 à 1 666) : lisons et méditons.

Encore une remarque de saint Augustin !
« Qui s'éloigne de l'enseignement de l'Église, s'éloigne du corps du Christ. »

À lire, relire et surligner sans modération :

- ***Catéchisme de l'Église catholique***, n° 1601 à 1666
- **Benoît XVI**, *Deus caritas est (Dieu est amour)*
- **Pape François**, *Evangelii gaudium (La Joie de l'Évangile)*
- **Pape François**, *La Joie de l'Amour, exhortation apostolique Amoris laetitia sur l'amour dans la famille*, Paris, Artège, 2016
- **Marie-Gabrielle Ménager et Esther Pivet**, *Le Beau Projet de Dieu pour l'amour humain : Wahou ! l'essentiel*, Paris, Artège Le Sénevé, 2019
- **Yves Semen**, *Le mariage selon Jean-Paul II*, Paris, Presses de la Renaissance, 2015
- **Pierre-Marie Castaignos**, *Se marier et durer*, Paris, Salvator, 2012

10. La fraternité, tu vivras

La préparation au sacrement de mariage est portée par **une équipe,** sous la responsabilité du curé. Il nous faut donc **entrer dans une dynamique d'ensemble,** ce qui demande adaptabilité, souplesse, humilité, patience, bonne humeur, esprit positif, sens du service, sens de l'écoute, sens de l'humour. Une vie d'équipe fraternelle et joyeuse n'est pas basée sur la cooptation de gens qui nous ressemblent et nous aiment bien : nos frères, nous ne les choisissons pas, ils nous sont donnés par le Seigneur.

Quels sont les principaux défis d'une équipe missionnaire ?

- **Vivre la fraternité**, partager de bons moments et du bon vin de Cana ! A-t-on déjà vu les disciples réunis autour de Jésus boire de la verveine ? ! L'amitié, le plaisir de se retrouver nous permettent de porter la mission ensemble, avec une vraie joie.
- **Vivre la mission dans une réelle complémentarité des dons et des vocations.** Gardons-nous de saucissonner les sujets, en assignant aux couples animateurs la dimension humaine du parcours, et aux prêtres et aux diacres, la dimension spirituelle. Donnons plutôt à chacun un espace de parole pour approcher chaque sujet selon des angles différents et complémentaires. Faisons réussir les autres, aidons-les à se dépasser, à donner le meilleur d'eux-mêmes.
- **Porter ensemble la mission dans la prière,** se mettre ensemble à l'écoute de la parole de Dieu.
- Nous encourager à **nous former,** à approfondir nos connaissances, à assister, ensemble, aux formations diocésaines etc.
- **Vivre la mission dans l'unité et la cohérence.** Laissons s'exprimer la complémentarité des vocations, la diversité des charismes, des idées et des tempéraments en restants unis et d'accord sur l'essentiel.

> « *Quand deux ou trois sont réunis en mon nom, je suis là, au milieu d'eux.* »
> Mt 18,20

Attention au démon de la division !

Il ne s'agit pas d'étouffer les oppositions sous l'oreiller d'un consensus mou, mais de chercher ensemble la vérité, le bien, la justice pour sceller une paix durable reposant sur une diversité respectueuse des autres.

Le **bilan de fin d'année** de l'équipe permet de relire sereinement ce qui s'est vécu : comprendre ce qui a été plus difficile, discerner ce qu'il faut améliorer, ce qu'il faut supprimer, se réjouir de ce qui a été positif, des grâces reçues, contempler l'action de Dieu dans les cœurs, se mettre ensemble à l'écoute de l'Esprit Saint. *À travers ce que nous avons vécu, quels appels a-t-il lancés, quelles portes a-t-il ouvertes, quels désirs a-t-il déposés dans nos cœurs ?*

> « Ne nous laissons pas voler l'idéal de l'amour fraternel ! »
> Pape François, *Evangelii gaudium* (*La Joie de l'Évangile*), n° 101

Dans notre paroisse, comment cela se passe-t-il ?

L'équipe d'animateurs de préparation au sacrement de mariage est-elle soudée ? Quand se réunit-elle ? Est-ce fécond ? Intègre-t-elle de nouveaux membres ? Révise-t-elle régulièrement ses méthodes ? Comment vit-elle la fraternité ? La subsidiarité ? La prière commune ? Partage-t-elle des moments de formation ? Quelle est sa relation au(x) prêtre(s) de la paroisse ?

Un dernier conseil de saint Jean de la Croix :
« Mettez de l'amour et vous recueillerez de l'amour. »

Notes

Le parcours, mode d'emploi !

À lire sans modération

Le projet de Dieu pour l'amour humain est ambitieux ! Aimer et se donner à l'image du Dieu qui aime et se donne est une vocation magnifique, que le sacrement de mariage nous permet de vivre avec lui et en lui. Animateurs de préparation au mariage, nous collaborons à ce grand projet d'amour. Basé sur la parole de Dieu, le parcours de préparation au mariage qui nous est ici proposé, pour nous soutenir et nous aider dans cette belle mission, s'inscrit **dans la dynamique de la Nouvelle Évangélisation**.

Chaque paroisse a son fonctionnement propre qui dépend de son histoire, de son public, de son pasteur, de ses choix pastoraux... **mais c'est toujours le même Esprit qui est à l'œuvre**. Il serait vain de prétendre offrir un parcours passe-partout qui, à force de chercher le plus petit dénominateur commun, ne passerait plus nulle part ! **Ambitieux et réaliste, ce parcours a fait ses preuves dans des paroisses aux profils très différents, qui l'ont soit adopté tel quel, soit adapté à leurs contraintes.** Il ne s'agit pas forcément de tout révolutionner, mais peut-être simplement de nous renouveler en y puisant de nouvelles ressources. Qu'on l'utilise *in extenso* ou qu'il serve de support pour amender un parcours paroissial déjà existant, n'hésitons pas à innover, à ajuster le contenu à notre public et la forme à notre manière de procéder, en ayant à cœur de nourrir chacun selon ses besoins. **Notre créativité pastorale** donnera du souffle à la trame de base. Faisons selon ce que l'Esprit nous inspire, changeons éventuellement un peu la trajectoire mais gardons l'objectif. Ce parcours est structuré de manière à offrir une cohérence d'ensemble et une **progression dynamique**, il est donc intéressant d'en respecter le déroulement logique. Changer de parcours, donc d'habitudes, d'organisation, de perspectives demande toujours un effort... Osons nous remettre en question, sortir un peu de notre zone de confort pour trouver un nouveau souffle missionnaire.

« Prendre les jeunes là où ils en sont », c'est **calibrer notre intervention** en fonction de ce qu'ils peuvent recevoir. Comme nous le dit le pape François : « **un pas à la fois, mais toujours avancer** ». Il nous encourage à mettre nos pas dans ceux du Christ en proposant « un idéal exigeant » tout en étant « un signe de miséricorde et de proximité » (*Amoris laetitia* (*La Joie de l'amour*), n° 5 et 38).

Allons-y joyeusement, le Père nous envoie, le Christ nous accompagne et l'Esprit Saint nous précède. Aucun risque de nous perdre !

Structurer le parcours

Chaque paroisse a sa manière de structurer son parcours. Certaines organisent des soirées, d'autres des journées entières, voire des week-ends. Varions les formats de nos rencontres, étalons-les sur plusieurs semaines, ne cherchons pas à en faire trop à la fois.

Les paroisses qui prévoient des journées entières de récollection pourront facilement associer les modules 2 et 3, ainsi que les 4 et 5 qui forment un tout cohérent. Les modules 6 et 8 peuvent aussi être associés (après-midi du samedi + messe paroissiale et dîner partagé + soirée « pardon », par exemple). Attention, cependant, cela fait des rencontres très denses – voire un peu indigestes…

Structurer le temps

Chaque module est calibré pour 2 h 30 de rencontre et divisé en séquences distinctes afin de nous aider à **structurer le temps.** Sentons-nous libres d'approfondir certains points et de passer plus rapidement sur d'autres, en fonction de notre auditoire et de nos priorités. Répartissons les rôles entre les animateurs de manière claire et précise pour assurer un roulement des talents et une bonne complémentarité des vocations.

Quelles que soient notre organisation et la taille de nos groupes, **misons sur une alternance entre** :

- **Les temps d'enseignement**
- **Les temps de partage** en petits groupes
- **Les temps de dialogue** en couple
- **Les temps de méditation de la parole de Dieu et de prière**

Proposer des topos pas trop sopos…

Les enseignements proposés dans ce parcours tracent les grandes lignes des thèmes abordés. **Il ne s'agit évidemment pas de les restituer tels quels**, mais de nous les approprier, de les adapter à ce que nos groupes de fiancés peuvent recevoir. **Personnalisons-les**, assortissons-les d'images, d'exemples, de plaisanteries, petites histoires et autres paraboles ! **Faisons vivre la trame proposée en y insérant notre propre témoignage.**

Animer les groupes de partage

Dialoguer avec les fiancés, les faire participer, faire circuler la parole est un art que l'on apprend souvent un peu sur le tas… Posons une ou deux questions ouvertes qui, en aucun cas, ne doivent toucher à l'intimité des personnes. N'oublions pas de donner les règles du jeu : confidentialité, liberté d'expression, écouter sans juger, sans donner de conseils ni de leçons, sans intervenir à tout-va, sans interrompre.

Une fois formés, ces petits groupes seront toujours constitués des mêmes couples de fiancés autour des mêmes animateurs, afin de **créer, peu à peu, un lien solide** entre tous.

3

S'appuyer sur des présentations PowerPoint

La plupart des rencontres sont assorties de présentations PowerPoint (à télécharger) qui nous permettront de structurer notre discours et aideront les fiancés à en mémoriser l'essentiel. Elles pourront être personnalisées selon votre inspiration.

Bien utiliser les vidéos

Les modules 2 et 3 sont assortis de petites vidéos catéchuménales, intégrées aux présentations PowerPoint. Pour les autres modules, il est possible de s'en procurer sur le site **jesusbox.fr** qui propose des vidéos courtes, joyeuses et dynamiques, très utiles pour illustrer notre propos.

N'oublions pas, cependant, qu'une vidéo n'est qu'un outil au service d'un enseignement structurant. La manière dont elles seront commentées déterminera, en grande partie, la manière dont elles seront reçues. Un seul mot d'ordre : que ce soit vivant et très interactif !

Comme tout outil, celui-ci a un mode d'emploi, qui permet de l'utiliser dans les meilleures conditions.

- Passons la vidéo en prévenant notre public : attention, ça va très vite !
- Dans un premier temps, recueillons les réactions à chaud. *Quelle parole, quelle image, quelle idée avez-vous retenues ? Aimées ? Qu'est-ce qui vous a étonné, choqué, amusé, touché ?*
- Avec le support de captures d'écran en PowerPoint, nous pouvons alors reprendre la vidéo du début à la fin, en commentant un peu le message. Restons toujours attentifs aux questions qui émergent, sans toutefois nous laisser entraîner dans des digressions qui compliquent le jeu et embrouillent les auditeurs ! Ces vidéos sont déjà très « chargées » sur le fond, il vaut mieux s'en tenir aux repères essentiels qu'elles tentent de poser.

Méditer et prier ensemble

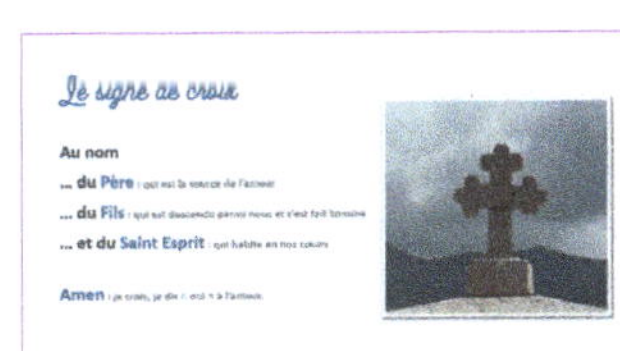

Chaque rencontre comprend un temps de prière en commun. Certaines prévoient également un temps de prière personnelle et/ou de méditation de la parole de Dieu. Insérée dans le *Livret des fiancés*, chaque fiche-prière permet d'initier aux fondamentaux de la prière chrétienne.

Utiliser le *Livret des fiancés*

Ce livret contient des résumés très succincts des thèmes abordés lors des rencontres en groupe, des repères essentiels sur la foi, le sacrement de mariage et la vie affective, des questions à creuser seul ou à deux, de courts passages de la parole de Dieu, quelques prières simples. Ils contiennent aussi quelques pages blanches qui permettront aux fiancés de prendre des notes.

Ce livret est un support essentiel pour la réflexion personnelle des fiancés et leur dialogue en couple. Ils l'utiliseront chez eux, entre deux rencontres, pour consolider ce qui a été dit en groupe, affiner leur discernement, approfondir leur réflexion personnelle et leur dialogue à deux, poser les bases d'une prière commune.

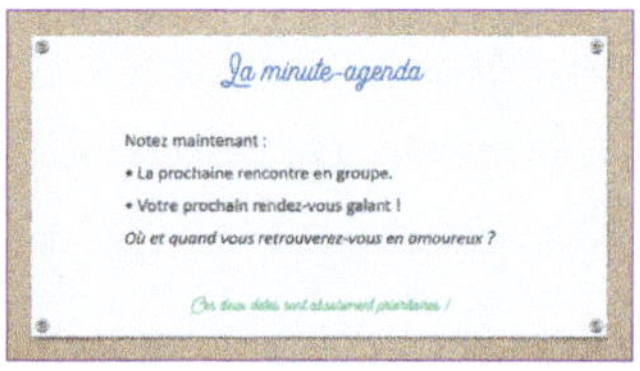

À la fin de chaque rencontre, nous rappellerons aux fiancés que les temps de réflexion seul et à deux sont essentiels à leur cheminement. N'hésitons pas à être un peu insistants, à proposer **une « minute-agenda »** pour que les fiancés conviennent entre eux, sur-le-champ, d'un ou deux **rendez-vous galants** (sans enfants) pour approfondir leur dialogue !

Ce livret pourra aussi servir de support pour les rencontres avec le célébrant.

Communiquer efficacement

Prévoyons un flyer clair expliquant la pertinence et la structure de la préparation au sacrement de mariage, ainsi que les dates des rencontres et les coordonnées des personnes à contacter. Invitons les fiancés, par téléphone, à la soirée de lancement du parcours, pensons à envoyer un message la veille de chaque rencontre, pour rappeler aux fiancés qu'ils sont attendus. Ces petits égards sont importants, ils montrent à chacun l'attention que nous lui portons.

Télécharger sans stresser !

Les vidéos et présentations PowerPoint sont à télécharger ici :
cutt.ly/DTzIz11

Customiser !

Ce livret prévoit des espaces blancs pour vos notes d'animations personnelles.

MODULE 1

Aimer, c'est tout donner

Comme toutes les « premières fois », cette première rencontre est un peu inconfortable, mais stratégique ! Pour nous, peut-être, pour nos invités, sûrement ! Qu'ils soient enthousiastes à l'idée de suivre la préparation au mariage ou plus réticents, nous essaierons de **leur donner envie de revenir** pour approfondir leur réflexion sur le sacrement qu'ils demandent à l'Église. Il ne s'agit pas de bien vendre notre produit, mais d'enclencher un processus dynamique et fécond, pour **aider les fiancés à entrer joyeusement dans un vrai cheminement**.

Faisons de cette rencontre un grand moment fraternel ! Une fois la glace brisée, nous entrerons dans le « dur » : qu'est-ce que l'amour, comment est-il entré dans leur vie, comment aimer, autant de questions qui essaieront de trouver un début de réponse. Nous entreprendrons ensuite de transmettre une vision juste de l'amour durable qui, comme l'énergie du même nom, est la base d'une saine écologie humaine et conjugale. S'ils comprennent qu'aimer, c'est se donner, c'est tout donner, la rencontre sera un vrai succès !

Construisons notre rencontre et nos interventions à partir des éléments proposés ci-dessous, en les émaillant de micro-témoignages et d'exemples concrets. Maîtriser le temps est un défi, gardons l'œil sur l'horloge pour consacrer à chaque séquence un temps que nous aurons prédéfini.

Un peu de lecture ?

Benoît XVI,
Lettre encyclique *Deus caritas est* (*Dieu est amour*), 2005

LE PROGRAMME...

1. Soignons la présentation !
2. Qu'est-ce que l'amour ?
3. Aimer, c'est tout donner !

SÉQUENCE 1

Soignons la présentation !

Notre objectif

Briser la glace !

1. FAIRE CONNAISSANCE

|2| ***Qui sommes-nous ?*** N'oublions pas de personnaliser ce slide en y insérant les photos des églises de la paroisse, des prêtres, diacres, couples accompagnateurs.

Après quelques mots d'accueil, commençons par les présentations.

- Prêtres et diacres peuvent expliquer, rapidement, qui ils sont et donner un (très) bref témoignage sur leur vocation – première belle occasion de parler de Jésus !
- Les animateurs se présentent en couple. Qui sommes-nous ? Accompagner des couples vers le sacrement de mariage, qu'est-ce que cela représente pour nous ? Pourquoi avons-nous accepté cette mission, que nous apporte-t-elle ?

Le prêtre ou le diacre peuvent également présenter la paroisse.

Organisons maintenant une courte présentation de chaque couple de fiancés. Ces présentations se feront très différemment selon la taille du groupe. Si le groupe est important et divisé en équipes de partage, les présentations se font par équipe. L'essentiel est que ce soit **dynamique, chaleureux et joyeux** !

Ces présentations se feront très différemment selon la taille du groupe. Si le groupe est important et divisé en équipes de partage, les présentations se font par équipe. L'essentiel est que ce soit dynamique, chaleureux et joyeux !

|3| En guise de présentations : **« La musique qu'il (elle) préfère ? » « Un truc qui me fait rire »** etc.

Deux idées :

- Chaque couple se présente rapidement (prénoms, village ou quartier, date du mariage, depuis quand ils se connaissent), puis chacun des fiancés présente sa moitié en ajoutant un détail sympa *(son sport préféré, son gâteau préféré, son film culte, la musique qu'il (elle) écoute, son expression favorite…).* Et la qualité qui le touche le plus chez son (sa) fiancé(e).
- Mettre les couples par binômes. Chaque couple présente son couple binôme (prénoms, village ou quartier, date du mariage + un détail sympa – *le nombre d'enfants, le nom du chien, la série télé qu'ils préfèrent, là où ils se sont rencontrés etc.).* Ils ont 2 min pour faire connaissance ! Prêtres, diacres et couples animateurs sont mêlés aux fiancés afin d'être présentés par eux.

2. POURQUOI SE PRÉPARER AU MARIAGE ?

2 min de réflexion personnelle

Pourquoi voulez-vous recevoir le sacrement de mariage ?
Qu'en attendez-vous ?
Demandons aux fiancés de fermer les yeux un instant et de formuler, pour eux-mêmes, une première réponse.

Recevoir le sacrement de mariage est un choix qui nous engage pour la vie. Mieux vaut qu'il soit éclairé ! C'est tout l'objet de la préparation au mariage : réfléchir avec les fiancés à l'engagement qu'ils vont prendre et nous assurer ensemble que c'est conforme à ce qu'ils veulent vivre.

| 4 | De quoi allons-nous parler ? **Nous allons parler d'amour** parce que ***« seul l'amour donne sens et bonheur à la vie ».*** (Pape François)

- **Nous parlerons de notre amour**, de ce qui le construit, le nourrit, le fait grandir : nos différences, nos talents, notre histoire, nos projets, notre manière de dialoguer etc. Nous parlerons aussi du pardon, de la sexualité, des enfants, de la belle-mère, du chien, des puces du chien, bref de tout ce qui fait un couple heureux.
- **Nous parlerons aussi de l'amour de Dieu, et du sacrement de mariage**, bien sûr. En nous mariant à l'Église, nous nous engageons à nous aimer fidèlement toute notre vie et nous demandons à Dieu de s'engager à nos côtés. Bref, nous optons pour un mariage à trois… On conçoit que cela se prépare !

Invitons notre évêque ! Demandons-lui de réaliser une courte vidéo, par laquelle il souhaitera la bienvenue aux fiancés, leur expliquera l'importance de la préparation au mariage et… tout ce qu'il voudra, pourvu que ce soit, comme une bonne sauce de rôti, court et parfumé !

3. COMMENT SE PRÉPARER AU MARIAGE ?

Sérieusement ! Et joyeusement !

| 5 | Comme le ciné nouvelle génération, **la préparation au mariage est en 3D**.

- | 6 | **La réflexion en groupe**, pour permettre le partage avec d'autres couples, pour prier, célébrer, réfléchir à ce qu'est le mariage et ce à quoi il engage, connaître ce Dieu qui s'engage avec nous etc.
- | 7 | **La réflexion en couple**, pour permettre un vrai dialogue sur ce que nous sommes et ce que nous voulons vraiment.
- | 8 | **La réflexion personnelle**, pour discerner, seul à seul avec le Seigneur, ce que nous voulons vraiment vivre, nous assurer de la solidité de notre amour et valider le choix d'un engagement à l'Église, avec Dieu.

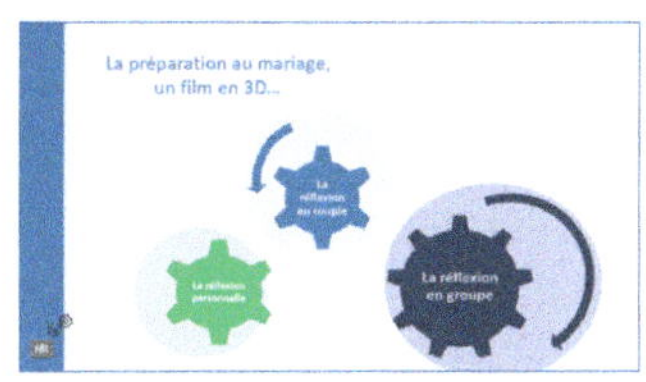

Cette préparation est une chance pour notre couple, **un moment privilégié** pour réfléchir à notre projet de vie, aborder des sujets pas forcément faciles. Il ne s'agit pas simplement de faire acte de présence à quelques réunions, mais d'y venir dans **une attitude intérieure** d'ouverture, avec un esprit curieux, positif, bienveillant, avec la volonté de faire progresser notre amour. **Ce qui est en jeu, au fond, c'est notre bonheur**. Poser des bases solides, c'est ce qui permet de construire un bonheur durable.

Présentons le *Livret des fiancés*, exhortons nos invités à l'apporter à chaque rencontre, et à l'utiliser chez eux, pour guider et éclairer leur réflexion personnelle et leur dialogue de couple.

Expliquons également notre organisation, pensons à distribuer un flyer avec les dates et les étapes du parcours, l'articulation entre-temps en groupes et accompagnement personnel. N'ayons pas peur d'être clairs sur les exigences de cette démarche, en précisant notamment que la présence aux rencontres n'est pas optionnelle : elle prépare un engagement indissoluble !

Rappelons quelques règles élémentaires pour les temps de partage : pas de jugement, confidentialité absolue, délicatesse, respect des opinions et des personnes, écoute attentive, pas de conseils etc.

Nous toucherons forcément des points sensibles, nous risquerons de réveiller des blessures, bref de créer quelques tensions. Rappelons aux fiancés que nous sommes là pour aider à les affronter et les dépasser. Elles sont saines, elles sont le signe que nous avançons dans la vérité.

SÉQUENCE 2

Qu'est-ce que l'amour ?

Notre objectif

Montrer la spécificité de l'amour conjugal : un amour qui engage, qui se donne et se construit chaque jour, avec la grâce de Dieu.

1. L'AMOUR DANS TOUS SES ÉTATS !

Brainstorming

| 9 | Pour nous, **c'est quoi, l'amour ?**

Quels mots pourrions-nous associer au mot « amour » ?

Sur un tableau, l'un des animateurs note, au fur et à mesure, les mots proposés par les fiancés. En reprenant ces mots et en associant certains d'entre eux, nous ferons émerger les points ci-dessous.

Le pape Benoît XVI aimait le rappeler : « *l'amour est une réalité unique avec des dimensions différentes* » (*Deus caritas est (Dieu est amour),* n° 8). En grec, d'ailleurs, on peut traduire le mot « amour » de trois manières (*philia, éros, agapè*), correspondant à trois facettes différentes de l'amour.

- **L'amitié (*philia*)**

Reprendre sur le tableau les mots qui se rapportent à l'amitié.

| 10 | **L'amitié** est un choix du cœur, de l'intelligence et de la volonté. Avec les vrais amis, on est sur un pied d'égalité, on partage ce qu'on vit, on est soi-même, bref, on « s'entend bien ». L'amitié est faite de bienveillance, d'estime mutuelle, de fraternité, de vérité, de joie, de générosité, de réciprocité. Beaucoup d'histoires d'amour commencent par une belle amitié.

- **Le désir (*éros*)**

Reprendre sur le tableau les mots qui se rapportent au désir.

| 11 | Instinctif, sensitif, **le désir** est lié au corps et, d'une manière plus générale, à l'affectivité. « Ivre et indiscipliné », orienté, en vue simplement de la jouissance, il dégrade l'homme (Benoît XVI, *Deus caritas est (Dieu est amour),* n° 4), le disloque intérieurement (pornographie, échangisme etc.) et le conduit à instrumentaliser les autres, parfois jusqu'à les briser (attouchements, viol etc.). Ordonné à un amour vrai, profond, l'*éros* est une très grande et très belle dimension de l'amour, il permet le don total, une communion intense et une immense joie partagée. Purifié, discipliné, il dépasse « le plaisir d'un instant » pour donner à l'homme « un certain avant-goût du sommet de l'existence, de la béatitude vers laquelle tend tout notre être » (*idem*).

- **L'amour des époux (*agapè*)**

Reprendre sur le tableau les mots qui se rapportent au sentiment amoureux.

| 12 | ***« Aimer, c'est tout donner et se donner soi-même. »* (Sainte Thérèse de l'Enfant-Jésus)**

Il commence par le sentiment amoureux (reprendre, sur le tableau, ce qui se rapporte au sentiment amoureux). On « tombe amoureux » – le verbe « tomber », qui évoque une chute, est assez mal choisi puisqu'en l'occurrence, on est plutôt au septième ciel ! L'autre devient quelqu'un « à part », mais ce n'est pas encore suffisant pour se dire « c'est lui », « c'est elle » pour toujours… Vient le jour où l'on est prêt à préférer l'autre à soi, à se dépasser, à

- **Reprendre sur le tableau** les mots qui se rapportent à l'amour de charité.

« *Dieu créa l'homme à son image, à l'image de Dieu il le créa, il les créa homme et femme.* »
Gn 1,27

« L'homme devient vraiment lui-même quand le corps et l'âme se trouvent dans une profonde unité. »
Benoît XVI, *Deus caritas est (Dieu est amour)*, n° 5

lui donner notre vie, à le recevoir tel qu'il est (et non tel qu'on le rêve). On va alors s'aimer de l'amour des époux, que les Grecs appellent *agapè* : amour durable, définitif, « qui vise à l'éternité » (Benoît XVI, *Deus caritas est (Dieu est amour),* n° 6). Cet amour désintéressé, dynamique « cherche le bien de l'être aimé » *(idem)* (reprendre, sur le tableau, les mots qui se rapportent à l'amour « de charité » – ils évoquent, notamment, le don, la communion, les quatre piliers du sacrement de mariage). Cet amour n'est pas statique, c'est un continuel échange de don, un mouvement perpétuel qui maintient et fait croître la communion (un peu comme à vélo, si on arrête de pédaler, au bout d'un moment, non seulement on n'avance plus, mais on tombe…). Il est « fondé sur la foi et modelé par elle » (Benoît XVI, *Deus caritas est (Dieu est amour)*, n° 7).

Pour se marier, il faut vouloir tout donner et se donner soi-même. **Le don de soi est la clé de l'amour conjugal.** C'est lui qui nous fait passer du « je » au « nous », non pas dans une fusion qui dissout les individualités (le « nous » glouton), mais dans une communion qui leur permet de s'épanouir dans la complémentarité (le « nous » différencié).

| 13 | ***« Tout ce qui n'est pas donné est perdu. »*** **(Père Ceyrac)** Rien de plus vrai dans le mariage : chaque service que l'on n'aura pas rendu, parole ou geste de tendresse que l'on n'aura pas offert, tout ce qu'on aura gardé pour soi sera perdu !

2. L'AMOUR INTÉGRAL

Une histoire d'amour passe par différentes étapes, jusqu'au jour, où, devant l'autel, on se donne l'un à l'autre. L'amour des époux intègre toutes les dimensions de l'amour (il comporte une part d'amitié, une part de désir, un réel sentiment amoureux et la volonté de se donner pour toujours), mais aussi toutes les dimensions de la personne : c'est toute notre personne qui aime – et elle aime toute la personne de l'autre. Nous aimons :

- **Avec notre corps.** L'amour durable se nourrit de tendresse (regards, gestes, câlins, sourires etc.), de désir et de plaisir partagés. L'échange des consentements scelle le mariage, et l'union sexuelle l'accomplit pleinement.
- **Avec notre affectivité.** On est passé du coup de cœur et de l'émotion des débuts à un amour vrai, solide. Les sentiments se sont approfondis, on aime l'autre « de tout son cœur », avec parfois un brin d'aveuglement : les paillettes dans les yeux embellissent un peu la réalité… L'amour devra se purifier, pour aimer et recevoir l'autre comme il est, sans chercher à le changer. « *L'amour ne commence pas avec le désir mais avec le respect* » (Romano Guardini) : il renonce à faire de l'être aimé une chose que l'on modèle à son gré ou que l'on possède, on lui reconnaît une existence propre, sans fusion ni confusion.
- **Avec notre intelligence.** « *Le cœur a ses raisons que la raison ne connaît point* », paraît-il (Blaise Pascal). Pas si sûr ! Si la raison n'intervient pas, la passion reste désordonnée, elle ne débouche pas sur un amour durable et véritable. Les paillettes dans les yeux font très bon ménage avec les neurones en action. Un vrai mariage d'amour doit aussi être un mariage de raison. Notre intelligence permet de chercher le « meilleur » bien. Elle réfléchit à ce qui nous unit ou nous divise, à ce qui fonde notre union ou qui pourrait la mettre en danger,

elle discerne, elle juge de la vérité du lien et de sa solidité, elle trouve les moyens de le renforcer.

- **Avec notre volonté.** C'est à elle de décider et de mettre en œuvre le bien que l'intelligence a perçu. Elle choisit d'aimer, de s'engager, d'accueillir l'autre tel qu'il est. Aimer « envers et contre tout », dans un don réciproque renouvelé, est un choix quotidien de la volonté. Le jour du mariage, le célébrant ne demande pas aux mariés s'ils s'aiment, mais s'ils **veulent**, librement, s'unir pour toujours. Aimer, c'est se donner, mais aussi recevoir le don de l'autre, l'accueillir avec gratitude, en recueillir les fruits pour s'en nourrir et grandir.
Clément dira : « ***Moi, Clément, je te reçois*** *comme épouse, et* ***je promets*** *de te rester fidèle dans le bonheur et dans les épreuves, dans la santé et dans la maladie,* ***pour t'aimer*** *tous les jours de ma vie* » (*Rituel*, formule 1 – la plus rapide, forcément). Clémence répondra de la même manière : « *Moi, Clémence,* ***je te reçois*** *comme époux [...]* ***pour t'aimer*** *tous les jours de ma vie.* »

|14| ***« Il n'y a pas de plus grand amour que de donner sa vie pour ceux qu'on aime. »*** **(Jn 15,13)**

« *Je te reçois* ***pour t'aimer*** » et non **parce que** je t'aime ! La nuance est importante. Devant l'autel, on ne parle pas « paillettes dans les yeux » mais « volonté de s'aimer ».

N.B. Un mariage forcé, pour l'Église, est « nul », c'est-à-dire inexistant, car il ne résulte pas d'un vrai choix, ni du cœur, ni de l'intelligence, ni de la volonté : il n'y a pas réellement de consentement.

- **Avec notre âme.** Elle est la dimension spirituelle de notre être, le lieu où nous recevons l'amour de Dieu, le lieu du don de soi à Dieu et aux autres. L'âme est la fine pointe de notre être.

SÉQUENCE 3

Aimer, c'est tout donner !

Notre objectif

Faire réfléchir les fiancés sur leur amour.
Comment est-il né ?
Comment a-t-il grandi ?
De quoi est-il fait ?
Est-il prêt à l'engagement définitif ?
Se donner, est-ce bien ce que les fiancés désirent ?

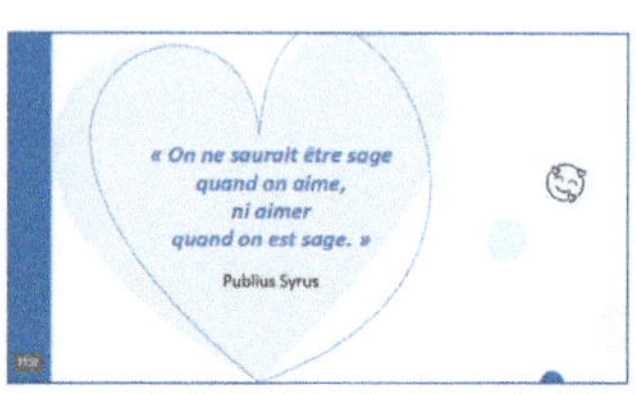

1. FAIRE MÉMOIRE DE NOTRE HISTOIRE D'AMOUR

10 min de réflexion en couple

Faire mémoire des événements heureux rend heureux et reconnaissant. Ce petit exercice permet, en sollicitant la mémoire, d'ouvrir le cœur, de faire ressurgir des émotions fondatrices et de vivre la gratitude. Il peut être émotionnellement intense, restons neutres dans nos formulations.
Demandons aux fiancés de se prendre par la main et de fermer les yeux.

➥ *Pensez à votre première rencontre. Où était-ce ? Quand ? Qu'avez-vous ressenti ? Avez-vous été amis avant d'être amoureux ?*

➥ **1 min plus tard :** *souvenez-vous du moment où vous avez compris que vous étiez amoureux. Qu'avez-vous ressenti ? Qu'est-ce qui vous a attiré, séduit chez l'autre ?*

➥ **1 min plus tard :** *votre premier baiser. Était-ce déjà une relation sérieuse, pour vous ? Qu'avez-vous ressenti ?*

➥ **1 min plus tard :** *votre plus beau souvenir à deux. Où était-ce ? Quand ? Qu'avez-vous ressenti ?*

➥ **1 min plus tard :** *vous souvenez-vous du moment où vous avez compris que vous vouliez vivre ensemble un amour solide, durable ? Qu'avez-vous ressenti ?*

➥ **1 min plus tard :** *la demande en mariage. Où était-ce ? Quand ? Qu'avez-vous ressenti ?*

Proposons maintenant aux fiancés 3 min à deux, pour partager ce qu'ils ont dans le cœur, se souvenir, ensemble, de ce qui a été beau et fondateur dans leur histoire, rendre grâce à Dieu pour ce qui a déjà été vécu de grand, de beau.

2. L'AMOUR LIBRE

Quand on évoque notre histoire d'amour à deux, on est ému : on sent bien que cela **touche en nous des émotions profondes et fondatrices**. Même lorsque l'on n'est pas aussi directement concerné, **quand on parle d'amour, tout le monde devient lyrique**. L'amour fait l'unanimité. Nous sommes tous d'accord sur la beauté du don de soi, sur la grandeur des sentiments, sur le bonheur infini qu'il y a à aimer. Poèmes, chansons, films, romans, depuis toujours, l'amour est célébré sur tous les tons…

|15| ***« On ne saurait être sage quand on aime, ni aimer quand on est sage. »*** **(Publius Syrus)**

|16| ***« L'amour triomphe de tout. »*** **(Virgile)**

|17| ***« La mesure de l'amour, c'est d'aimer sans mesure. »*** **(Saint Augustin)**

| 18 | ***« Un seul être vous manque et tout est dépeuplé. »*** **(Lamartine)**

En revanche, quand on parle du mariage, c'est plus tendu ! « Corde au cou », « fil à la patte », « loterie », on a tout entendu !

| 19 | ***« Se marier à l'église et à la mairie, c'est faire un paquet avec un double nœud. »*** **(André Birabeau)**

| 20 | ***« Le mariage, c'est résoudre à deux les problèmes qu'on n'aurait pas eus tout seul. »*** **(Sacha Guitry)**

| 21 | ***« L'amour est pourtant une chose simple mais le mariage... »*** **(Sören Kierkegaard)**

| 22 | ***« Le crime parfait de l'amour, c'est le mariage ! »*** **(Claude Lelouch)**

À croire que le premier ennemi de l'amour, c'est le mariage ! Faux, archi-faux !

Ces citations ont en commun une vision biaisée de la liberté et, par conséquent, du mariage.

« *Nous ne sommes pas libres d'aimer*, disait l'Abbé Pierre, *mais libres* ***pour*** *aimer !* » La vraie liberté ne consiste pas à faire-ce-que-je-veux-quand-je-veux-comme-je-veux, mais à **choisir le bien. Être libre,** ce n'est pas se laisser porter par le vent, **c'est faire un vrai choix et s'y tenir.**

> « Être dans le vent : une ambition de feuille morte. »
>
> Gustave Thibon

L'amour libre ? L'Église est pour ! Pas pour un amour facile qui utilise l'autre et se réserve le droit de disparaître au premier coup de vent mais pour un amour **authentique qui choisit de durer, de s'engager. L'amour libre, on ne le trouve que dans le mariage, dans l'amour qui dure parce qu'il se donne.** L'amour écolo, celui qui dure, se recycle à l'infini, traite ses déchets et ne pollue pas la planète, c'est l'amour qui s'engage, se donne entièrement et sans retour.

Là encore, nos propos prendront du poids s'ils sont émaillés de petits témoignages percutants.

| 23 | Bonne nouvelle : les alliances ne sont pas des menottes, mais le signe de notre amour et de notre fidélité ! Nos deux prénoms sont gravés à l'intérieur comme ils le sont dans notre cœur et dans celui de Dieu. Bénies et échangées au cours de la célébration du mariage, elles manifestent publiquement que nous nous sommes donnés l'un à l'autre pour toujours.

3. LE MARIAGE, C'EST GRAND !

- **| 24 | Le mariage est une réalité naturelle.** Choisir de se dire « oui » pour la vie dans un monde où tout est jetable, n'est-ce pas un peu fou ? Non seulement ce n'est pas fou, mais c'est même tout à fait raisonnable, car nous sommes faits pour aimer sans condition et pour toujours, c'est dans notre nature !
  Il existe, dans toutes les cultures, une dignité associée au mariage – selon des rituels très divers mais toujours très festifs –, car le bien-être des personnes et des sociétés est étroitement lié au bonheur des couples et des familles. Être heureux, unis « dans le bonheur et dans les épreuves », est une belle manière de servir le bien commun.

> « L'homme, seule créature sur terre que Dieu a voulue pour elle-même, ne peut pleinement se trouver que par le don désintéressé de lui-même. »
>
> Concile Vatican II, *Gaudium et Spes*, n° 24, 1965

- **|25| Le mariage civil est** **un engagement juridique, social et public** soumis à la loi qui crée des droits et des devoirs mutuels entre les époux. Il ne s'agit pas d'une simple formalité, mais d'un engagement important qui fonde la famille et fournit un cadre clair à l'accueil et à l'éducation des enfants. La famille étant la cellule de base de la société, le mariage est essentiel à son bon fonctionnement.
  Savons-nous exactement à quoi nous engage le mariage civil ? Avons-nous demandé à lire le document que nous allons signer ?

- **|26| Le mariage est une réalité spirituelle,** **un engagement devant Dieu.** Le mariage à l'Église n'est pas un petit « plus » qui porte bonheur ou fait plaisir aux grands-parents, mais un sacrement, c'est-à-dire une alliance avec Dieu, un signe de son amour. Lui qui est la source de l'amour, il se donne à nous pour que nous donnions l'un à l'autre... C'est une réalité très grande : Dieu s'engageant avec les époux, le sacrement de mariage est indissoluble. La promesse que le Seigneur nous a faite, c'est qu'il sera avec nous tous les jours, qu'il nous donnera son amour pour qu'à notre tour, nous puissions nous aimer. Il ne nous dit pas que le mariage est une promenade de santé, qu'il n'y aura pas de difficultés, pas d'épreuves, mais qu'il les traversera avec nous.

En guise de conclusion...

Préférer l'autre à soi, se donner sans compter, s'aimer toute une vie, est-ce possible ? Suis-je prêt(e) à prononcer les paroles qui m'engageront à vie ? À donner ma vie pour celui (celle) que j'aime ? À le (la) recevoir tel(le) qu'il (elle) est, tel(le) qu'il (elle) se donne ? À m'appuyer sur Dieu pour l'aimer chaque jour davantage ?

Ce n'est pas aujourd'hui que nous répondrons à ces questions, mais dans quelques semaines. La préparation de mariage va nous donner le temps et les moyens d'y réfléchir, d'ouvrir notre cœur et notre intelligence pour que, le jour venu, nous prononcions ces mots en peine conscience.

Se marier, c'est se donner totalement, librement, pour toujours pour s'aimer fidèlement toute la vie et fonder une famille. Cela peut faire un peu peur, ou donner le vertige... mais c'est si beau !

L'amour, c'est beau. Le mariage, ça l'est encore plus.

|27| *La minute-agenda*

Notez maintenant :

- La date de la prochaine rencontre en groupe.
- Votre prochain rendez-vous galant ! *Où et quand vous retrouverez-vous en amoureux pour approfondir ce qui a été vu aujourd'hui ?*

|28| *Livret des fiancés*

Insistons sur l'importance des temps de dialogue et de réflexion proposés dans le *Livret des fiancés*.

TEMPS DE PRIÈRE

Prier ensemble avec le signe de croix

ÉVANGILE DE JÉSUS CHRIST SELON SAINT MATTHIEU (MT 22,35-40)

En ce temps-là, un docteur de la Loi posa une question à Jésus pour le mettre à l'épreuve : « Maître, dans la Loi, quel est le grand commandement ? » Jésus lui répondit : « Tu aimeras le Seigneur ton Dieu de tout ton cœur, de toute ton âme et de tout ton esprit. Voilà le grand, le premier commandement. Et le second lui est semblable : tu aimeras ton prochain comme toi-même. De ces deux commandements dépend toute la Loi, ainsi que les prophètes.

PRIER AVEC LE SIGNE DE CROIX

Qui donc est Dieu qui s'engage avec nous, pour nous combler de son amour et nous accompagner tous les jours de notre vie ? Nous en reparlerons longuement la prochaine fois. Contentons-nous, aujourd'hui, de ceci : Dieu est amour, communion d'amour entre trois personnes (le Père, le Fils et le Saint-Esprit). C'est en leur nom que nous faisons ce signe de la croix qui, à lui seul, résume notre foi.

| 29 | **« Au nom**
... du Père : qui est la source de l'amour
... du Fils : qui est descendu parmi nous et s'est fait homme
... et du Saint-Esprit : qui habite en nos cœurs
Amen : je crois, je dis « oui à l'amour ».

« Il faut y faire attention car c'est beaucoup, de bien faire le signe de la croix. »

Sainte Bernadette

Le signe de croix est une profession de foi et le signe des chrétiens, leur « carte d'identité » (pape François). Ce n'est pas simplement un geste, c'est une prière. C'est pourquoi nous le faisons lentement, avec respect : on s'enveloppe de l'amour de Dieu, Père, Fils et Esprit. Baptisés « au nom du Père, et du Fils, et du Saint-Esprit », les chrétiens partagent la vie de Dieu.

C'est en traçant ce signe de croix, signe de l'amour de Dieu pour nous, que commencera notre célébration de mariage, ce sera une manière de nous mettre sous la garde de Dieu et de nous envelopper de son amour.

« Le signe de la croix est en quelque sorte la synthèse de notre foi, car il nous dit combien Dieu nous a aimés ; il nous dit que, dans le monde, il y a un amour plus fort que la mort, plus fort que nos faiblesses et nos péchés. »

Benoît XVI, messe de la fête de l'exaltation de la sainte Croix, homélie, 14 décembre 2008

AMEN !

Ce mot hébreu signifie : « je suis d'accord », « je crois ».
Dire « amen », c'est poser un acte de foi.

Notes

MODULE 2

Créés pour aimer !

Les modules 2, 3 et 4 forment un tout. Ils balayent l'histoire du Salut, montrant le grand projet de Dieu pour l'amour humain. Un retour aux « origines » nous permet d'en saisir le sens et d'éclairer la vocation de tout homme à l'amour (module 2). Battu en brèche par le péché, restauré par le Christ (module 3), le projet de Dieu pour l'amour humain puise une force nouvelle dans le sacrement de mariage (module 4).

Laissons-nous émerveiller par la splendeur du projet de Dieu pour le couple ! Ceux qui ne sont pas familiers de la théologie du corps de saint Jean-Paul II découvriront à quel point elle est pertinente pour nos fiancés. Elle permet de comprendre qui nous sommes, de saisir le sens de notre vie et d'en découvrir le centre : Jésus, notre Sauveur. Elle nous éclaire sur notre désir d'aimer, notre sexualité, nos différences et nous donne les clés pour les vivre paisiblement.

Le grand défi de cette rencontre est de poser les bases de l'anthropologie chrétienne (la vision chrétienne de l'homme). Le plan de Dieu « aux origines » nous parle de l'éminente dignité de l'homme, de son profond désir d'aimer et de se donner. Se situer par rapport à ce logiciel de base permet de **montrer aux fiancés qu'ils sont faits pour vivre un amour saint et grand, total.**

Nous essaierons, avec des mots très simples et le support de petites vidéos joyeuses, de faire percevoir aux fiancés qui est Dieu et ce que signifie, pour eux, être créés à son image. Quelle joie pour nous de faire découvrir l'amour de Dieu à ceux qui ne le connaissent pas et de partager le trésor de la foi !

Les éléments proposés ici forment une trame sur laquelle nous allons tricoter notre témoignage personnel. Très simplement, disons qui est Dieu pour nous, comment nous essayons de répondre à son amour etc. **Dieu, on ne l'explique pas, on en témoigne...**

Nous montrerons ensuite l'extraordinaire actualité du récit de la création de l'homme et de la femme. **Le couple est au cœur du projet d'amour de Dieu pour les hommes** et cela a des conséquences pour nous tous. Là encore, soyons concrets ! Ce n'est d'ailleurs pas difficile puisque, nous le verrons, la parole de Dieu nous rejoint très directement dans notre expérience quotidienne...

Un peu de lecture ?

Marie-Gabrielle MÉNAGER et Esther PIVET, *Le Beau Projet de Dieu pour l'amour humain*, Artège Le Sénevé, 2019

LE PROGRAMME...

1. Qui est Dieu ?
2. Créés à l'image de Dieu
3. « Il les créa homme et femme »

SÉQUENCE 1

Qui est Dieu ?

Notre objectif

Il ne s'agit pas de se lancer dans une grande catéchèse, mais de **susciter un questionnement** et de donner des éléments très simples qui permettront aux fiancés d'approcher ce grand mystère. L'essentiel est de dire et redire aux fiancés que ce **Dieu** qui les a créés **les aime personnellement**.

En choisissant de nous marier à l'église, nous demandons un sacrement, nous demandons à Dieu de s'engager avec nous. ***Qui est ce Dieu qui s'engage avec nous ?*** *C'est la question du jour !*

1. Dieu est un mystère !

2 min de réflexion personnelle

Qui est Dieu pour moi ?

|2| *Dieu ?*

- |3| **Qui est-il pour moi ?** Un inconnu, un ami, un père, un être lointain, un concept indéfinissable, un mystère, une énergie... ?
- |4| **Quels sont les mots que j'associe à Dieu ?** Puissance, grandeur, amour, vérité, justice, tendresse, miséricorde, patience, bonté, père, sainteté, foi, sévérité... ?
- |5| **Qui, au cours de ma vie, m'a parlé de Dieu ?** En quels termes ? Qu'est-ce que cela a eu comme répercussions en moi ?

Partagez votre réflexion avec votre fiancé(e)

Nous avons tous notre propre idée de Dieu. Peut-être avons-nous des blessures, des préjugés ou des idées assez floues à son propos. Qui est-il vraiment ?

Dieu est un mystère ! Cela ne signifie pas qu'on ne le connaît pas, mais plutôt qu'on n'aura jamais fini de le découvrir, qu'on ne pourra jamais le faire rentrer dans des cases, ni le définir en deux mots. Il sera toujours infiniment plus grand que ce que nous pourrons en comprendre, que ce que nous pourrons en dire. Dieu, on ne peut pas l'enfermer dans nos petits schémas, ni le réduire à nos idées, il suscite en nous une curiosité, une joie, un émerveillement toujours nouveaux.

|6| **La Bible.** Pour connaître Dieu, c'est là qu'il faut chercher ! Environ 25 millions d'exemplaires vendus chaque année, en 2 300 langues, pour 2,4 milliards de chrétiens. Un véritable phénomène d'édition ! Difficile de prétendre qu'elle est *has been*... La Bible nous parle de Dieu. Que nous dit-elle ?

|7| « *Draw my Faith 1* » : *Qui est Dieu ?*

N'oublions pas d'introduire cette vidéo en précisant aux fiancés d'être très, très attentifs : ça va très, très vite ! Une fois la vidéo passée, chacun peut dire librement (par un mot, une phrase, une image) ce qui l'a frappé, étonné, choqué, touché... Nous en reprendrons les éléments essentiels en nous appuyant sur la présentation PowerPoint.

|8| **Dieu est éternel.** Il a toujours existé, il existera toujours. Il est hors du temps et de l'espace (il EST). Dans la Bible, on l'appelle parfois « l'Éternel ».

| 9 | Dieu est tout-puissant.

| 10 | Il est créateur. Sa puissance se déploie dans la Création : l'infiniment grand comme l'infiniment petit, merveilles de splendeur, d'ordre et de précision, nous parlent de celui qui les a créés. Dieu a tout créé à partir de rien, il est à l'origine de tout ce qui existe. La Bible ne nous dit pas comment ni en combien de temps l'univers s'est formé (c'est le rôle de la science), elle nous dit *pourquoi* Dieu a tout créé (par amour) et surtout, pour qui (pour nous, les hommes). La question « pourquoi ? » appartient à la théologie, la question « comment ? » appartient à la science.

| 11 | | 12 | Après la nature qui lui sert d'écrin ***(« Dieu vit que cela était bon »)***, Dieu crée l'homme, son bijou ***(« il vit que cela était très bon »)***. **L'homme est un être à part dans la Création : il en est le trésor et le centre.**

| 13 | Dieu lui en a confié la **responsabilité**, elle est l'écosystème dans lequel il vit. En prenant soin de la nature, c'est lui-même (génération présente et générations à venir) qu'il protège. L'enjeu majeur, le cœur de l'écologie, ce n'est pas la protection du lagénorhynque à rostre blanc ou de la pie-grièche (même si elle est importante, car toute espèce a une place unique dans la Création), c'est celle de la personne humaine, dont la vie doit être protégée de son tout début à sa fin naturelle.

2. DIEU EST AMOUR

La Bible nous dit beaucoup de choses essentielles sur Dieu (il est le créateur de tout ce qui vit, il est éternel, tout-puissant, il est LA vie, LA justice, LA lumière, LA vérité, Il est fidèle, patient, miséricordieux etc.), mais le plus fondamental tient en trois mots :

| 14 | ***« Dieu est amour » (1 Jn 4,8).*** Ce verset de la Bible, il faut l'apprendre par cœur !

Dieu n'est ni un concept, ni une « énergie », il est l'amour même et **la source de tout amour,** y compris de celui qui unit les époux. En Dieu, l'amour est si intense qu'il veut se communiquer – n'est-ce pas le propre de l'amour ? On se demande parfois pourquoi Dieu nous a créés ; la réponse est simple : *pour nous aimer et nous faire partager son amour !* Dieu nous a créés pour nous aimer, nous !

3. DIEU NOUS AIME

L'Éternel, le Tout-Puissant, le Créateur de toute chose nous aime ! Et il nous le dit ! La Bible, qui n'est pas un vieux grimoire poussiéreux mais la Parole vivant du Dieu vivant, ne cesse de l'affirmer :

| 15 | ***« Tu as du prix à mes yeux et je t'aime. » (Is 43,4)*** Encore un verset à apprendre par cœur !

| 16 | ***« Je t'aime d'un amour éternel. » (Jr 31,3)***

N'oublions pas de faire vivre notre propos en donnant notre propre témoignage en quelques mots très simples. Quelle expérience avons-nous faite, nous accompagnateurs, de l'amour de Dieu ? Qu'est-ce que cela a changé dans notre vie ?

17 ***« Mon amour ne s'écartera pas de toi. »*** **(Is 54,10)**

« Tu » = cette Parole est pour toi, pour moi. Pour Dieu, nous ne sommes pas une masse informe d'êtres humains, un troupeau qu'il aime en gros ! Non, Dieu **aime chacun d'entre nous personnellement, d'un amour unique.** Il nous appelle par nos prénoms, comme un père appelle ses enfants. Personne n'est un « accident », ou un effet du hasard : chacun a été voulu, créé par Dieu, chacun est aimé de manière spéciale. Notre vie a un sens parce que, quoi qu'il arrive, nous savons qui nous a créés (Dieu) et pourquoi (pour aimer). **Notre origine, notre Père, c'est Dieu. Notre destinée, c'est Dieu.** Dieu a un projet pour nous : il veut vivre avec nous éternellement, nous faire participer à sa gloire, c'est-à-dire à sa vie d'amour.

Dieu nous parle *réellement* ! Pour entendre ce qu'il nous dit, il faut ouvrir la Bible et, en même temps, les oreillettes de notre cœur ! La Bible est réellement « parole de Dieu », aussi les chrétiens lui donnent-ils une grande place dans leurs prières, leurs célébrations, leurs chants. Cette Parole nous guide, nous éclaire, nous construit, elle occupe une place de choix dans la célébration du mariage.

Dieu est un Père qui prend soin de ses enfants, à la fois infiniment grand et infiniment tendre, très haut et très proche : nous l'appelons à la fois « Seigneur » et *Abba*, ce qui, en hébreu signifie : « papa » ! Nous nous mettons à genoux devant sa grandeur et nous nous serrons contre son cœur…

Dieu nous propose son amour gratuitement, il n'exige rien, il n'impose rien. Nous sommes libres de répondre ou non à son amour.

18 ***« Tu aimeras le Seigneur ton Dieu de tout ton cœur, de toute ton âme, de tout ton esprit. »*** **(Mt 22,37)**

« Tu aimeras ton prochain comme toi-même. » **(Mt 22,39)**

Comment répondre à cet amour dont il nous comble ? En l'aimant, lui notre Père céleste, et en aimant ceux qui nous entourent. Aimer Dieu de tout notre cœur et les autres comme nous-mêmes, c'est la même logique, la même dynamique.

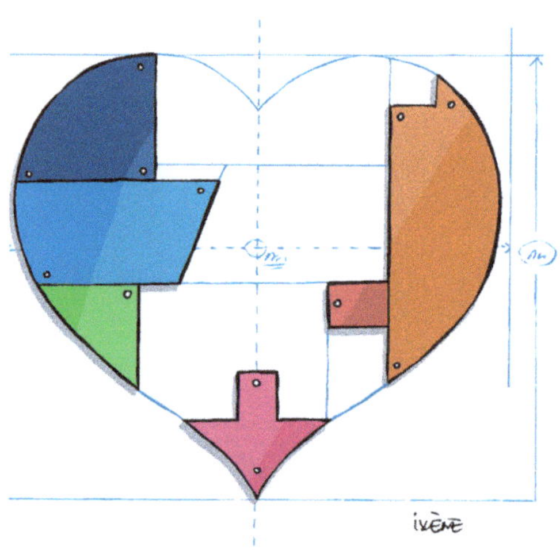

SÉQUENCE 2

Créés à l'image de Dieu

Notre objectif

Nous essaierons de montrer, le plus simplement possible, que, si Dieu est un brasier, une communion d'amour, **être « à l'image de Dieu », c'est être fait pour vivre « comme lui », d'amour donné, reçu, échangé, partagé.** La communion d'amour vécue au sein de la Trinité est le fondement de notre propre désir de communion.

2 min de réflexion personnelle

Nous avons parlé de Dieu, prenons maintenant un court instant pour lui parler… Fermons les yeux, ceux qui le désirent peuvent ouvrir les mains, tout simplement (comme pour y recevoir de l'eau).

Seigneur, je ne te connais pas très bien, mais tu es là et tu m'aimes, moi, d'un amour unique. Qu'ai-je envie de te dire, Seigneur ?

|19| *Vidéo « Draw my Faith 2 » : Dieu Trinité*

Chacun peut dire librement (par un mot, une phrase, une image) ce qui l'a frappé, étonné, choqué, touché… Nous reprendrons les éléments essentiels en nous appuyant sur la présentation PowerPoint.

1. Dieu est communion d'amour

|20| |21| Il n'y a **qu'un** seul Dieu, mais ce Dieu unique n'est pas solitaire : il est communion d'amour entre **trois** personnes inséparables, égales et distinctes : **le Père, le Fils et le Saint-Esprit.**

|22| **Le Père** (1re personne) aime le Fils.

|23| **Le Fils** (2e personne) reçoit l'amour du Père et l'aime en retour. Cette circulation d'amour est source de vie. Elle est si intense qu'il en jaillit une 3e personne :

|24| **Le Saint-Esprit**, qui est l'amour qui unit le Père et le Fils.

|25| Quand on dit « Dieu », on n'évoque donc pas une personne mais trois : le Père, le Fils et le Saint-Esprit. **La Sainte Trinité : un seul Dieu en trois personnes qui vivent un amour total, se donnent les unes aux autres et vivent une communion d'amour sainte et si parfaite qu'elles forment une unité absolue.**

|26| **En Dieu, tout n'est qu'amour, don, communion.** C'est la réalité fondamentale de notre foi chrétienne. Nous sommes baptisés « *au nom du Père, du Fils et du Saint-Esprit* », nous faisons notre signe de croix « *au nom du Père, du Fils et du Saint-Esprit* » **: nous partageons la vie de Dieu.**

On peut, avec trois animateurs, « mimer » la Trinité (!) : le Père, le Fils et le Saint-Esprit, soudés comme une mêlée de rugby (ils sont unis mais restent distincts).

On raconte qu'au ve siècle, alors qu'il prêchait au grand air, saint Patrick eut l'idée de se servir d'un trèfle ramassé dans l'herbe pour aider les Irlandais à saisir quelque chose du mystère de la Sainte Trinité. Trois feuilles distinctes ne forment-elles pas un seul trèfle ? De même, les trois personnes divines, tout en étant distinctes, sont un seul Dieu !

“

« Dieu créa l'homme
à son image,
à l'image de Dieu
il le créa, il les créa
homme et femme. »

Gn 1,27

Dans la Bible, il y a un livre un peu surprenant : le **Cantique des Cantiques.** Chant d'amour mutuel du Christ et de l'Église, mais aussi de l'homme et de la femme « aux origines », ce beau cantique célèbre l'union de deux amoureux qui s'aiment corps et âme. Ils se contemplent avec un amour enflammé et parfaitement chaste, c'est-à-dire sans aucune intention de s'emparer de l'autre. Chacun s'épanouit sous le regard pur et aimant de son amoureux(se) : elle déploie sa féminité, lui, sa masculinité dans leur originelle pureté, avec joie, confiance, passion. Amoureux fougueux, ils peuvent se donner pleinement l'un à l'autre, avec un infini respect mutuel. Pas de fausse pudeur dans le Cantique des Cantiques qui exprime le désir avec une extraordinaire jubilation. Chacun se donne totalement et s'émerveille du don qui lui est fait.

2. « DIEU CRÉA L'HOMME À SON IMAGE »

En quoi la vie intime de Dieu nous concerne-t-elle ?! N'est-ce pas une réalité un peu lointaine, pour nous ? Pas du tout ! Cela nous touche directement, cela explique qui nous sommes, comment et pourquoi nous sommes faits. Car, contrairement au lombric et au rhinocéros, nous avons été créés « à l'image de Dieu » – nous ne sommes donc pas des animaux comme les autres !

Commençons par lire, dans une belle Bible, le récit qu'en fait la Genèse (Gn 1,26-27 puis 2,18-25) puis reprenons l'affaire en détail !

27 « **À son image** » **:** quelle dignité ! Parce qu'il est créé à l'image du Créateur, tout homme, toute femme, quel qu'il soit, aussi petit, fragile soit-il, mérite le plus grand respect. Dieu est amour, circulation, communion d'amour : **être « à l'image de Dieu », c'est être fait pour vivre « comme lui », d'amour donné, reçu, échangé, partagé.** Donner et recevoir de l'amour, c'est notre **vocation**, c'est-à-dire ce à quoi Dieu nous appelle, ce pour quoi il nous a créés. Notre désir le plus profond, c'est d'aimer et d'être aimé parfaitement, sans condition et pour toujours car c'est exactement ce pour quoi nous sommes faits.

3. « IL N'EST PAS BON QUE L'HOMME SOIT SEUL »

28 Après avoir créé l'homme, Dieu dit : ***« il n'est pas bon que l'homme soit seul »*** (Gn 2,18). Pourquoi ? Parce qu'il se nourrit de chips et de cacahuètes salées ? Non ! Parce que seul, il ne trouve pas de sens à sa vie : il n'a personne à qui se donner, personne avec qui vivre la communion d'amour à laquelle il aspire. L'homme et la femme sont créés l'un pour l'autre.

29 ***« Je vais lui faire une aide qui lui correspondra. »*** **(Gn 2,18)** Dieu « façonne » la femme dans la côte de l'homme. Ce n'est pas un détail !

Cela signifie que la femme est de même nature que l'homme, qu'ils partagent la même dignité, la même humanité. « Une aide qui lui correspondra », ce n'est pas une aide ménagère ni une aide-soignante, mais un secours, un *alter ego*, « autre lui-même » différent et complémentaire, en qui il pourra placer toute sa confiance.

30 Premier coup de foudre de l'histoire de l'humanité ! Découvrant le chef-d'œuvre que Dieu a façonné pour lui, **Adam bondit de joie.** ***« Voilà l'os de mes os et la chair de ma chair ! »*** **(Gn 2,23)** Déclaration d'amour originale mais éloquente ! Enfin une créature de même nature que lui (le chien est sympathique et le papillon poétique, mais ce ne sont pas précisément des *alter ego*…) qui va lui donner une raison de vivre et lui permettre d'accomplir pleinement sa vocation d'homme.

Les voilà deux : l'homme et de la femme. Et, comme ce sont des personnes, elles ont un nom : Adam et Ève. **Le couple est au cœur du projet d'amour de Dieu : avec Ève, Adam sera image de Dieu, « *vivante icône de la Trinité* »**, selon la belle expression de saint Jean-Paul II. Elle sera à lui et il sera à elle, leur appartenance mutuelle sera source d'une joie, d'une liberté, d'une grandeur et d'un épanouissement sans pareils.

Pourquoi aspirons-nous au grand amour ? Pourquoi avons-nous le désir de nous marier ? Parce que, créés à l'image de Dieu, nous sommes faits pour vivre à deux un amour vrai, total, puissant, épanouissant.

| 31 | ***« L'homme quittera son père et sa mère et il s'attachera à sa femme et tous deux ne feront plus qu'un. »*** **(Gn 2,24)** Quelques mots tous simples, mais quel retentissement **: Dieu institue le mariage !**

> « L'amour mutuel des époux devient une image de l'amour absolu et indéfectible dont Dieu aime l'homme. »
>
> Catéchisme de l'Église Catholique, n° 1604

« S'attacher », c'est fort : le mariage indissoluble est au cœur du projet de Dieu. Dieu ne se donne ni à moitié ni pour un temps – être « à son image », c'est aussi se donner entièrement, gratuitement et sans retour. Le sacrement de mariage nous rend capables de vivre, malgré nos limites et nos fragilités, quelque chose de ce grand mystère d'amour qui se vit au sein de la Trinité. Nous savons que nous pourrons nous appuyer sur Dieu, qui est la source de tout amour : il libère notre amour, il nous aide à nous aimer de plus en plus mais, surtout, de mieux en mieux.

« *Honore ton père et ta mère.* » (Ex 20,12) « **Quitter** » aussi, est un verbe fort. « Quitter » ses parents n'empêche pas de les honorer, au contraire :

- **Tu reconnaîtras l'importance de ce que tu as reçu**, de ce qui t'a été transmis. Tu ne t'es pas fait tout seul, tes racines familiales t'ont nourri et construit. Il y a eu des difficultés, des blessures, peut-être est-ce le moment de les dépasser, de faire, si nécessaire, une belle expérience de pardon ? Tes parents, ta famille n'ont certes pas été parfaits mais qui l'est ? ! Peut-être aussi est-ce le moment d'exprimer ta reconnaissance à ceux qui t'ont donné la vie (c'est un cadeau) et t'ont élevé ?
- **Tu les quitteras pour prendre ton autonomie et construire un couple unique**, une famille nouvelle sans renier tes parents, mais sans reproduire à l'identique ce que tu as vécu avec eux.

Difficile sujet que celui de la belle-famille, en *pole position* des sujets qui fâchent ! On ne l'épouse pas, mais elle est tout de même dans le colis ! Le mariage ne renie pas le passé, il l'intègre. Découvrons tout ce que sa famille signifie pour notre conjoint, tout ce qu'elle lui a donné de bon, tout ce qu'elle va nous donner encore de bon. Prenons du recul avec ses petits côtés, gardons un sens de l'humour à toute épreuve et une bienveillance en béton. Bref, soyons saints et patients comme Dieu (qui n'avait pas de belle-mère) est saint et patient.

| 32 | ***« Tous deux, l'homme et sa femme, étaient nus, et ils n'en éprouvaient aucune honte l'un devant l'autre. »*** **(Gn 2,25)** Dans le jardin d'Éden, **le corps est vu dans sa beauté originelle**. Adam et Ève perçoivent qu'il a une éminente dignité et qu'il exprime la personne tout entière, dans son unité et son intégrité. Les organes sexuels ne sont pas source de honte, loin de là, puisqu'ils permettent le don des corps par lequel s'exprime celui des cœurs. **Non seulement l'union sexuelle ordonnée au don, à la communion et à l'ouverture à la vie est bonne, mais en plus, elle est sacrée**, car la communion de l'homme et de la femme exprime alors la communion des personnes divines. Elle aussi est au cœur du projet de Dieu ! Wahou ! Nous y reviendrons plus longuement lors d'une prochaine rencontre (module 5).

Ce tableau idyllique n'est pas un joli conte de fées, **c'est ce que Dieu veut pour nous.** Le récit biblique nous montre, de manière imagée, la splendeur du projet de Dieu « aux origines ». Nous percevons bien, cependant, que notre réalité quotidienne est loin d'être aussi simple… Il ne s'agit pas, d'un coup, d'avoir « tout bon », mais de comprendre ce projet pour s'en rapprocher peu à peu. Nous sommes des êtres de progrès, nous avons toute notre vie pour construire notre couple et notre famille, en intégrant cette volonté de grandir dans l'amour. Notre communion, malgré tout, restera imparfaite, car ce beau projet a été un peu contrarié – nous en reparlerons la prochaine fois.

SÉQUENCE 3

« Il les créa homme et femme »

Notre objectif

Redonner quelques bases de bon sens sur l'altérité (la différence homme/femme) qui est au cœur du projet de Dieu pour l'amour humain.

1. LA DIFFÉRENCE SEXUELLE DANS LE PROJET DE DIEU

Fille ou garçon ? C'est la première chose que la sage-femme annonce à la naissance ! La sexualité, c'est-à-dire le fait d'être homme ou femme, concerne la personne dans toutes ses dimensions, elle est un élément essentiel de son identité et de la construction de sa personnalité. **La différence des sexes est un élément fondamental pour comprendre ce que nous sommes, comment nous fonctionnons, pourquoi nous sommes si différents. Elle est au cœur du projet de Dieu.**

33 ***« Il les créa homme et femme. »* (Gn 1,27)** Profondément mise à mal par notre société qui nous explique placidement que notre corps ne nous dit pas qui nous sommes, **l'identité sexuelle heureusement assumée est le fondement de l'équilibre humain.** Être « bien dans sa peau » (l'expression est éloquente), c'est d'abord être bien son corps d'homme ou de femme.

« La sexualité affecte tous les aspects de la personne humaine, dans l'unité de son corps et de son âme. Elle concerne particulièrement l'affectivité, la capacité d'aimer et de procréer, et, d'une manière plus générale, l'aptitude à nouer des liens de communion avec autrui. »

Catéchisme de l'Église Catholique, n° 2332

2. L'ALTÉRITÉ, RICHESSE POUR CHACUN DES ÉPOUX

L'altérité est source d'émerveillement

34 ***« Cette fois-ci, voilà l'os de mes os et la chair de ma chair ! »* (Gn 2,23)** Adam a des paillettes dans les yeux ! Ève, si différente de lui et pourtant si proche, l'émerveille. Il paraît même qu'il aurait crié : « wahou ! » Lié au sentiment amoureux, **l'émerveillement est une joie née de la différence.** Ce n'est pas un aveuglement mais, au contraire, une faculté à percevoir la dignité profonde de l'autre, à saisir ce qu'il est en vérité, au-delà de ses inévitables pauvretés. Que de beauté, de talents, de richesses ! Admiratif(ve), l'amoureux(se) nage dans le bonheur et la gratitude. Non, il n'y en a pas de plus beau (belle) sur terre !

Attention à l'habitude ! *Lorsque l'on porte un regard « habitué » sur l'autre, lorsqu'on dit : « mon gouvernement » au lieu de « mon (ma) chéri(e) », on ne le voit plus dans sa grandeur... Porter un regard neuf sur l'autre, se laisser toucher à nouveau par ce qu'il est, se réjouir de ses talents, redécouvrir ses qualités, refaire l'expérience de l'émerveillement, nourrit l'amour.*

- www.forumwahou.fr

2 min de réflexion personnelle

| 35 | **Est-ce que mon/ma fiancé(e) m'émerveille toujours ou suis-je un peu habitué(e) ?**
Est-ce que, comme Adam, je me dis « Wahou ? ! »

Qu'est-ce que j'admire le plus chez lui (elle) ? Est-ce que je sais dire du bien de mon(a) fiancé(e) en public ?

1 minute pour se regarder ! Face à face, sans vous toucher, regardez-vous les yeux dans les yeux, en faisant passer dans votre regard, votre sourire, tout votre émerveillement !

L'altérité permet la complémentarité

Tout homme, toute femme a besoin d'un autre différent de lui-même pour lui apporter ce qui lui manque, pour le compléter et l'aider à s'épanouir. Nul n'est l'humanité à lui tout seul, nul ne se suffit à lui-même ! **Être différents permet d'être complémentaires.**

Le contraste permet à chacun de révéler l'autre : la femme va révéler à l'homme la grandeur de sa masculinité, et l'homme va révéler à la femme la splendeur de sa féminité. Chacun est donné à l'autre comme un révélateur de sa grâce propre. **« Devenir soi » n'est possible que dans la relation à l'autre**, **dans l'ouverture à la différence,** dans le don mutuel – et dans l'acceptation sereine d'une certaine dépendance : j'ai besoin de l'autre pour être pleinement moi-même…

Bien comprise, **la différence des sexes est une richesse, une dynamique pour le couple**, elle permet de se donner vraiment et de recevoir avec gratitude ce que l'autre nous apporte.

Rions et faisons rire en rejoignant les fiancés dans ce qu'ils vivent au quotidien, témoignons de nos petites mésaventures, soyons concrets. Imaginons des sketches, des quiz en grand groupe, la caricature a aussi des côtés réjouissants !

3. Mieux comprendre nos différences permet d'éviter les différends

Comment vivre harmonieusement en étant deux individualités différentes et pleinement épanouies, avec un corps, une affectivité, une spiritualité, une histoire, une culture, des idées différentes ? C'est tout le défi du mariage !

Concrètement, cela passe notamment par la prise de conscience que **nos différences seront ce que nous en ferons** : des obstacles (si nous ne les comprenons et ne les acceptons pas) ou des richesses (si, à l'inverse, elles sont exploitées comme une intéressante source de complémentarité).

Pourquoi mon fiancé, qui se dirige très bien sur la route, en ville et en forêt, se trouve-t-il en difficulté pour trouver le beurre dans le frigo ou ses chaussettes dans leur tiroir ? Pourquoi ma fiancée, qui trouve le beurre au premier coup d'œil, semble-t-elle frappée de cécité lorsqu'elle veut s'habiller et gémit : « Je n'ai rien à me mettre », alors même que sa penderie déborde ?

Pourquoi l'homme se réfugie-t-il tout seul dans sa caverne quand il a un souci alors que la femme se jette sur le téléphone pour en parler avec une copine ?

À l'évidence, l'homme ne réagit pas, ne pense pas, ne voit pas, ne s'exprime pas, ne conduit pas, ne cuisine pas, ne travaille pas, ne passe pas l'aspirateur comme sa femme. Ce n'est pas un jugement de valeur – il ne travaille pas mieux ni moins bien, ne cuisine pas mieux ni moins bien, mais différemment. Sans tomber dans la caricature (car chaque personne humaine a ses richesses et ses pauvretés, ses fonctionnements propres), nous le constatons tous les jours : **certaines de nos différences sont plus ou moins typiques du sexe de chacun.**

« L'harmonie du couple et de la société dépend en partie de la manière dont sont vécus entre les sexes la complémentarité, le besoin et l'appui mutuels. »

Catéchisme de l'Église Catholique, n° 2333

Proposons aux fiancés de lire le best-seller de John Gray (ou de regarder les excellentes vidéos sur le même sujet) : ***Les hommes viennent de Mars, les femmes viennent de Vénus***. Un tantinet cliché, mais son approche pragmatique, loin des théories hors-sol qui font aujourd'hui florès, donne de bons éléments pour montrer en quoi l'altérité est un défi quotidien et une incomparable richesse.

Le plus souvent, nous jugeons les événements selon nos propres fonctionnements, nos propres critères. Nous avons instinctivement tendance à donner à l'autre ce que nous voudrions nous-mêmes recevoir, nous n'avons pas forcément le réflexe de lui demander ce dont il a envie ou besoin. Nous écrasons ses besoins sans même nous en rendre compte – ce qui produit, de son côté, frustration, colère, ressentiment, tristesse etc. Comprendre et respecter ses attentes, c'est aimer l'autre en vérité (cela évite, en outre, bien des tensions inutiles). Cela passe – on y reviendra longuement (module 6) – par un dialogue de qualité. « *Connaître et respecter nos dissemblances permet d'aplanir de manière spectaculaire nos rapports avec le sexe opposé* » (John Gray, *Les hommes viennent de Mars, les femmes viennent de Vénus*, J'ai Lu).

Pour mieux comprendre notre conjoint, il nous faut nous **déplacer pour nous mettre à sa place,** afin de voir avec ses yeux à lui. Changer de perspective, admettre que l'autre ait un point de vue différent fait entrer le couple dans une dynamique de croissance. Cela suppose de se décentrer, d'admettre que l'on ne soit pas la référence absolue en quelque matière que ce soit.

| 36 | ***« Aimer, c'est apprendre à écouter la différence de l'autre. […] Quand tu sais écouter l'autre différent de toi, tu fais entrer en toi une vision qui n'est pas tienne. L'autre, tu ne le changes pas mais ta vision, oui, tu peux la changer. »*** **(Sœur Emmanuelle du Caire)**

Aimer, c'est vraiment préférer l'autre à soi. Et cela se traduit par des actes !

Temps de partage en groupe…

… Hommes et femmes séparés

- **| 37 |** Qu'est-ce qui nous a particulièrement touché dans ce que nous avons entendu aujourd'hui ?
- Qu'est-ce qui nous semble le plus surprenant ? Le plus beau ?
- Qu'est-ce qui nous semble le plus exigeant, le plus difficile à vivre ?
- Que signifie pour nous « recevoir » l'autre comme un don ?

| 38 | *La minute-agenda*

Notez maintenant :

- La date de la prochaine rencontre en groupe.
- Votre prochain rendez-vous galant ! *Où et quand vous retrouverez-vous en amoureux pour approfondir ce qui a été vu aujourd'hui ?*

| 39 | *Livret des fiancés*

Insistons sur l'importance des temps de dialogue et de réflexion proposés dans le *Livret des fiancés*.

TEMPS DE PRIÈRE

Prier ensemble le Notre Père

PSAUME 8,1-2 ET 4-5

Ô Seigneur, notre Dieu,
qu'il est grand ton nom
par toute la terre !
Jusqu'aux cieux, ta splendeur est chantée [...].

À voir ton ciel, ouvrage de tes doigts,
la lune et les étoiles que tu fixas,
qu'est-ce que l'homme pour que tu penses à lui,
le fils d'un homme, que tu en prennes souci ?

PRIER LE NOTRE PÈRE

Pour nous, chrétiens, cette prière est unique. Elle nous est donnée et enseignée par Jésus, elle dit l'essentiel de notre foi, de notre confiance en Dieu. Ce Dieu, nous l'appelons « Père ». Gardons cela dans notre cœur : Dieu est un père plein de tendresse, un père qui aime et qui pardonne, un père qui veut le meilleur pour chacun d'entre nous.

| 40 | Notre Père,
qui es aux cieux,
que ton nom soit sanctifié,
que ton règne vienne,
que ta volonté soit faite sur la terre comme au ciel.
Donne-nous aujourd'hui notre pain de ce jour,
pardonne-nous nos offenses
comme nous pardonnons aussi à ceux qui nous ont offensés.
Et ne nous laisse pas entrer en tentation
mais délivre-nous du Mal.

« Dieu veut que nous l'appelions Père avec la confiance d'un enfant qui s'abandonne dans les bras de celui qui lui a donné la vie. »
Tweet du pape François, 22 juillet 2018

« Nous n'avons qu'un seul Père : c'est Dieu. »
Jn 8,41

« "Père" est, en une certaine façon, le nom le plus vrai de Dieu, son nom propre par excellence. »
Saint Cyrille d'Alexandrie

« Pour moi, il est bon d'être proche de Dieu : j'ai pris refuge auprès de mon Dieu. »
Ps 72,28

Notes

MODULE 3

Sauvés par l'amour

Un retour aux « origines » nous a permis de saisir le grand projet de Dieu pour l'homme. **Nous allons à présent voir comment, battu en brèche par le péché, il a été restauré par le Christ.** La chute et le péché vont nous aider à comprendre nos pauvretés, nos difficultés à aimer et l'immense cadeau qu'est la Rédemption en Jésus Christ. Cela va nous permettre de saisir l'histoire du Salut dans son ensemble, de rentrer dans le projet de Dieu pour nous, dans la dynamique de l'Alliance.

Laissons-nous émerveiller par la patience, la fidélité, la miséricorde de Dieu !

Le Christ est au cœur de cette rencontre, vraiment présent au milieu de nous. Nous aiderons nos fiancés à l'approcher afin qu'ils se laissent éclairer par sa Parole et toucher par l'amour dont il veut les combler.

Nous voilà au cœur de notre mission : **parler du Christ de telle manière que nos fiancés aient envie de l'approcher**, montrer comment il éclaire notre vie, témoigner de notre amour pour lui. Préparons-nous, dans la prière, à témoigner de cet amour qui nous fait vivre.

Rappelons-nous aussi que le **kérygme**, l'annonce du cœur de la foi chrétienne, est l'élément central de notre mission d'évangélisation. Il est un peu comme le Big Bang : une énergie hyper, hyper, hyperconcentrée qui ne demande qu'à exploser pour se répandre ! La folle expansion de l'Évangile dans le cœur de ceux qui nous sont confiés dépend d'une étincelle...

Laissons le pape François nous rappeler le sens de la mission

« Ils ont le droit à l'annonce de l'Évangile, surtout à cette première annonce qui s'appelle kérygme et qui est "l'annonce principale, celle que l'on doit toujours écouter de nouveau de différentes façons et que l'on doit toujours annoncer de nouveau sous une forme ou une autre". C'est l'annonce d'un Dieu qui aime infiniment chaque être humain, qui a manifesté pleinement cet amour dans le Christ crucifié pour nous et ressuscité dans nos vies. [...] Sans cette annonce passionnée, toute structure ecclésiale se transformera en une ONG de plus, et ainsi, nous ne répondrons pas à la demande de Jésus Christ : "Allez dans le monde entier, et proclamez l'Évangile à toute la création." (Mc 16,15)

Toute proposition de mûrissement de la vie chrétienne a besoin d'avoir pour axe permanent cette annonce, car "toute la formation chrétienne est avant tout l'approfondissement du kérygme qui se fait chair toujours plus et toujours mieux". »
(Pape François, *Querida Amazonia*, n° 64 et 65 – février 2020)

LE PROGRAMME...

1. *Le projet de Dieu battu en brèche*
2. *Sauvés !*

SÉQUENCE 1

Le projet de Dieu battu en brèche

Notre objectif

Montrer ce qu'est le péché, comment il se manifeste, très concrètement, dans nos vies et dans notre couple.

> ***Le péché** n'est pas une vieille histoire entre nos premiers parents et Dieu ; il **nous concerne au premier chef**. De là viennent nos difficultés à aimer et à vivre en communion selon notre vocation.*

1. LE RÉCIT DU DÉSASTRE

Commençons par lire, dans une belle Bible, le récit qu'en fait la Genèse (Gn 3,1-6), puis reprenons l'affaire sur un autre mode :

|2| *« Draw my Faith 3 » : Premier péché, Première Alliance*

Une fois la vidéo passée, chacun peut dire librement (d'une parole, une phrase, une image) ce qui l'a frappé, étonné, choqué, touché…

Reprenons ensuite les éléments essentiels en nous appuyant sur la présentation PowerPoint.

|3| « Dieu créa l'homme à son image, à l'image de Dieu il le créa, il les créa homme et femme. » (Gn 1,27)

Dieu crée l'homme et la femme à son image, pour qu'ils s'aiment et se donnent parfaitement l'un à l'autre, comme lui. Nos premiers parents vivent dans l'amitié de Dieu, ils ont compris son projet d'amour, ils savent qu'ils sont faits pour aimer et se donner comme Dieu aime et se donne. Ils s'aiment d'un amour parfait, pur, fait d'émerveillement, de désir et de joie partagés. Bref, ils vivent ce que nous aimerions pouvoir vivre ensemble…

|4| Trompés par Satan, Adam et Ève se mettent à douter de l'amour de Dieu. Leur regard se détourne : au lieu de se regarder l'un l'autre et de regarder ensemble Dieu qui les aime, ils commencent à lorgner sur leur nombril, ils se regardent eux-mêmes… Ils ne veulent plus dépendre de Dieu, ils refusent son amour et prétendent décider seuls de ce qui est bon pour eux. C'est **un choix libre** (Dieu nous laisse toujours libres). Ce refus, c'est le **péché**. Ce fameux « premier péché » qui affecte la nature humaine, on l'appelle « péché originel ».

|5| Le péché est un manquement volontaire au grand commandement de l'amour, un « ***manquement à l'amour véritable envers Dieu et envers le prochain » (Catéchisme de l'Église catholique, n° 1849)***. Il nous abîme et abîme notre relation avec eux. Librement consenti, le péché n'est ni une erreur, ni une simple faute, mais une décision volontaire de ne pas faire le bien.

Le récit de la Genèse nous dit qu'Adam et Ève sont chassés du jardin d'Éden, ce qui signifie qu'ils sont coupés de l'amour de Dieu. En se coupant de Dieu, ils se sont coupés de la source de la Vie, ils se sont voués à la mort (un peu comme des fleurs que l'on cueille : elles vivent un temps puis meurent, car elles sont coupées des racines qui les nourrissent). Conséquence directe du péché, **la mort fait son apparition**.

> “
>
> *« Tu aimeras le Seigneur ton Dieu de tout ton cœur, de toute ton âme et de tout ton esprit. Voilà le grand, le premier commandement. Et le second lui est semblable : tu aimeras ton prochain comme toi-même. »*
>
> Mt 22,37-39

| 6 | Vous connaissez **Blanche-Neige** ? Ce conte de Grimm est une métaphore de ce qui est arrivé à Adam et Ève. Blanche-Neige (blanche comme la neige = pure, innocente, sans péché), c'est Ève.

| 7 | La **sorcière** : hideuse, déformée, édentée, menteuse, elle représente le prince du mensonge, le démon. La sorcière trompe Blanche-Neige comme le serpent trompe Ève, en lui faisant des promesses suspectes, en lui proposant quelque chose de tentant, mais de faux et de moins bon : qu'ont-ils besoin d'être « comme des dieux » puisqu'ils sont à l'image de Dieu ?

| 8 | La **pomme** représente le péché. Elle brille, elle est belle, elle a l'air bonne, mais elle pleine d'un invisible poison. Tel est le péché : quelque chose qui nous tente, car il semble bon et qui, en réalité, mène à la mort. Le récit biblique parle de « fruit », pas de pomme… En latin « pomme » et « mal » s'écrivent tous deux *malum*. La pomme d'Adam n'est jamais vraiment passée, elle lui est restée en travers du gosier !

| 9 | Les **nains** = nous tous ! Affecté par le péché, l'être humain est comme rétréci, déformé. Son corps, son intelligence, sa volonté, sa capacité à aimer et à vivre avec ses pairs sont amoindris, abîmés. L'homme et la femme sont désormais grincheux, paresseux, simplets, prétentieux, avides, bagarreurs etc. Le péché n'est pas simplement l'affaire d'Adam et Ève ou des sept nains, c'est aussi la nôtre !

Le récit biblique parle de « fruit », pas de pomme… En latin « pomme » et « mal » s'écrivent tous les deux malum. La pomme d'Adam n'est jamais vraiment passée, elle lui est restée en travers du gosier !

2. Du concret ! Débusquons le péché…

Brainstorming

« *Manquement **à l'amour** véritable envers Dieu et envers le prochain* » (*Catéchisme de l'Église catholique*, n° 1849), le péché s'infiltre partout.

| 10 | *Pouvez-vous donner des exemples de **péchés** ?*

L'objectif de ce débat est de faire émerger les péchés « ordinaires », ceux que nous commettons souvent, notamment dans notre vie de couple. Nous ferons apparaître, le plus clairement possible, après avoir noté les réponses des fiancés sur un grand tableau blanc :

- *Les différentes formes du péché. « J'ai péché en pensée, en paroles, par action et par omission. Oui, j'ai vraiment péché ! » Expliquons ce qu'est un péché par omission : le bien que l'on a vu et choisi de ne pas faire – un service non rendu, par exemple.*
- *Le bien mis à mal (le mensonge => la vérité) (l'adultère => la fidélité).*

Nous risquons de toucher des points douloureux, soyons particulièrement attentifs, bienveillants, mesurés, sans jugement et pleins d'humour !

2 min de réflexion personnelle

Ces quelques questions, posées à la cantonade pour éclairer les consciences, permettront à chacun de comprendre qu'un péché, c'est très concret, que cela ne concerne pas que le voisin et que c'est très mauvais pour la santé personnelle et conjugale !

➥ *Est-ce que j'ai toujours des pensées agréables à propos de mon (ma) fiancé(e) ? Est-ce que je ne rumine pas des colères, des vengeances, des frustrations ? Est-ce que je le (la) respecte toujours « en pensée » ?*

➥ *Est-ce que je dis toujours l'exacte vérité ? Est-ce que je ne dis jamais de mal des autres ? Est-ce que j'ai des paroles dures, injustes, humiliantes, blessantes, acides ?*

➥ *Est-ce que j'agis toujours honnêtement ? Est-ce que je me donne gratuitement, sans égoïsme ? Est-ce que je cherche le bien de mon (ma) fiancé(e) avant de penser au mien ? Est-ce que je suis bienveillant(e), attentif(ve), gentil(le), serviable, patient(e), humble ?*

➥ *Est-ce que je laisse passer des occasions de rendre service, de faire plaisir aux autres, de faire le bonheur de mon conjoint ?*

Difficile de le nier : nous sommes **tous touchés**, tous marqués par le péché, car c'est notre nature humaine qui est blessée. Nous sommes **tous concernés** à chaque fois que nous choisissons le mal plutôt que le bien. Nous sommes responsables du mal que nous commettons, même si nous pouvons parfois nous accorder des circonstances atténuantes (fragilités, peurs, blessures etc.).

Oui, nous sommes pécheurs ! Mais nous restons libres. **Lutter contre le mal et choisir le bien** est un combat permanent. Nous ne sommes pas seuls : par les sacrements, notamment, Dieu nous donne la force de progresser dans l'amour. Il déteste le péché, mais il aime le pécheur plus que tout ! Le péché n'est pas d'abord dans le cœur de l'autre mais dans le nôtre, c'est là qu'il convient de le débusquer et de le combattre. Soyons lucides sur notre péché (pour le combattre), et restons dans une espérance en béton armé : **Dieu est toujours prêt à nous pardonner**.

3. LE COUPLE BLESSÉ

Adam et Ève n'étaient l'un pour l'autre qu'émerveillement. Les voilà divisés. Ce n'est plus « wahouuu ! » mais « oh, la la ! » Nous sommes faits pour aimer, pour nous donner mais nous expérimentons, bien souvent, combien c'est difficile. On s'aime et pourtant, on se fait mal. Pourquoi est-ce si difficile ? **Parce que le péché, en nous éloignant de Dieu, source de l'amour, amoindrit notre capacité à aimer et à faire le bien.**

L'accusation

« C'est la femme que tu m'as donnée… C'est le serpent. » Dans le jardin d'Éden, on se refile la patate chaude, **on n'assume pas** le mal commis. Accusation mutuelle, suspicion, chacun porte sur l'autre ce que le pape François appelle « un regard de piment au vinaigre » !

- *Nous allons avoir l'impression que, quand quelque chose ne tourne pas rond dans le couple, c'est la faute de l'autre. Nous allons avoir du mal à assumer nos propres fautes, et penser que c'est l'autre qui doit changer ! Nous allons être tentés de l'accuser, et nous poser en victimes etc.*

L'opposition

On ne parle plus « *d'alter ego* » mais de « *sexe opposé* ». L'homme va avoir du mal à comprendre la femme et réciproquement, **la différence va être source de malentendus**, de blessures, de tristesse. L'homme et la femme vont avoir du mal à exprimer leur grâce propre de manière positive. Ils vont devoir apprendre à mieux se connaître, à se comprendre, à s'accepter différents et complémentaires (donc interdépendants).

- *Nous allons développer un esprit de contradiction un peu gratuit, un peu revendicatif, avoir tendance à nous opposer par principe, à porter sur l'autre sexe un regard dépréciateur, à faire des généralisations caricaturales et injustes…*

La honte du corps

Après la chute, le regard que l'homme et la femme portent sur leur propre corps a changé. Leurs organes génitaux leur paraissent honteux, **ils sont mal dans leur peau**. Le rapport au corps est désordonné, mal perçu au point de croire que le corps n'a plus le droit de nous dire qui nous sommes, il est comme coupé du reste de la personne. Le regard va être biaisé, on va s'en protéger en cachant son corps

- *Il va nous être difficile de porter un regard juste sur notre corps, nous allons essayer de le plier à tous nos caprices. Idole ou esclave, le corps est malmené, utilisé comme un objet de plaisir.*

La concupiscence

La concupiscence, c'est l'instrumentalisation de l'autre. À cause du péché, la main de l'homme s'est comme retournée : elle était ouverte pour recevoir l'amour de Dieu *(paume vers le haut, montrez votre main bien ouverte)*, elle va se refermer pour prendre, capter, séduire pour posséder *(paume vers le bas, doigts refermés, ramenez votre main vers vous)*. On ne va pas parler « d'union conjugale » mais de « relation sexuelle » au sens étroit du terme, une union des corps qui n'est pas ordonnée au don de soi mais simplement au plaisir que l'on va se procurer grâce à l'autre. Quand **le corps devient l'instrument d'une jouissance pour soi** et non plus d'un plaisir partagé pour construire la communion du couple et donner la vie, le don des corps devient difficile.

- *Nous allons avoir tendance à instrumentaliser l'autre, à le manipuler, à prendre sans donner ni recevoir, à se servir de lui plutôt que de le servir.*

Passons à nouveau aux questions qui fâchent ! À poser à cantonade, bien sûr, pour susciter une réflexion de chacun sur son propre péché et faire prendre conscience des comportements, disons, inadaptés…

2 min de réflexion personnelle

Animateur (homme) : *Nous les hommes, n'avons-nous jamais parlé de « sexe faible », joué les machos, été condescendants, humiliants ? N'avons-nous jamais eu des comportements ou des paroles déplacés avec les femmes, notre fiancée en particulier ? Ne l'avons-nous jamais vue comme une aide ménagère plutôt qu'une « aide assortie » ? Nous sommes particulièrement visuels, donc particulièrement touchés par le voyeurisme, la pornographie, la tendance au morcellement (notre regard se focalise sur les organes de la féminité, on ne voit plus la femme dans son intégrité). On peut être tenté de « chosifier » notre femme (quand on estime, par exemple, que la relation sexuelle est un dû ou qu'on lui impose des gestes qui la blessent). Avons-nous déjà été violents (verbalement, physiquement) ? Avons-nous déjà menacé, injurié notre fiancée ? Savons-nous dire : « j'ai eu tort » ? Nous excuser, demander pardon ?*

Animatrice (femme) : *Nous les femmes, n'avons-nous jamais été tentées de manipuler notre fiancé en usant de nos charmes pour obtenir quelque chose ? N'avons-nous jamais fait un peu de chantage affectif – ou de chantage au sexe ? L'avons-nous agressé gratuitement, avons-nous cherché à le blesser ? L'avons-nous accablé d'exigences, de revendications, de frustrations ? L'avons-nous humilié, traité avec condescendance ou comme un objet à notre service ? Sommes-nous jalouses, défiantes ? Lui faisons-nous confiance, le surveillons-nous ? Est-ce que nous boudons pour lui faire payer ses erreurs ? Cherchons-nous à le comprendre, à le soutenir, à l'aider ? Avons-nous tendance à l'accuser ? Sommes-nous de bonne foi quand nous avons tort ? Savons-nous demander pardon ? Comment réagissons-nous vis-à-vis des hommes en général, vis-à-vis d'un certain féminisme agressif et vengeur qui détruit l'image de l'homme plus qu'il ne rehausse celle de la femme ?*

Temps de partage en groupe…

| 11 | *… Hommes et femmes séparés*

- **Qu'est-ce qui nous a particulièrement touchés dans ce que nous venons d'entendre ?**
- **Qu'est-ce qui nous paraît essentiel pour vivre dans un profond respect l'un de l'autre, tout en restant en vérité sur nos fonctionnements parfois mal ajustés ?**

SÉQUENCE 2

Sauvés !

Notre objectif

Permettre une rencontre entre chacune de nos brebis et le Bon Pasteur qui a donné sa vie pour elles.

Calibrons notre intervention en pensant à l'objectif proposé par le cardinal Vingt-Trois : aider les fiancés à « **faire un pas de plus vers le Christ** ».

Cardinal André Vingt-Trois, 30 septembre 2017.

Un seul pas suffit, même petit, si c'est un vrai pas !

Deux courtes méditations sur la Passion et la Résurrection sont proposées pour nous aider à rentrer pleinement dans ce grand mystère par lequel nous sommes sauvés.

1. L'HISTOIRE DU SALUT

Adam et Ève sont chassés du jardin d'Éden. Il ne faut pas attendre longtemps pour voir les conséquences dramatiques du péché : Caïn, leur fils, tue son frère Abel (premier crime de l'histoire de l'humanité, Gn 4).

| 12 à 14 | **Alors, tout est perdu ? Non !** L'histoire, fort heureusement, ne s'arrête pas là, nous ne sommes qu'à la page 8 d'une Bible qui en compte… 2 852 !

Souvenez-vous… Dieu est amour. Il ne se résout pas à nous savoir malheureux loin de lui, il va nous tendre la main. La Bible, c'est l'histoire (mouvementée) de ce projet d'amour sans cesse fissuré par l'homme et la femme, sans cesse restauré par Dieu, **c'est la grande histoire de l'amour**, de la patience, de la fidélité de Dieu qui, malgré nos infidélités, veut faire alliance avec nous. **« *Tu as du prix à mes yeux et je t'aime.* » (Is 43,4)**

| 15 | Le mot **« alliance »**, fréquent dans la Bible, traduit une idée fondamentale : sans jamais se lasser, **Dieu offre son amour aux hommes, il veut leur bonheur**. Il leur propose des alliances successives pour que, peu à peu, ils reviennent vers lui et soient sauvés. **Sauvés de quoi ? Du péché, et de la mort qu'il a entraînée !** Être sauvé, c'est avoir part à la vie de Dieu et, après la mort, entrer dans la vie éternelle auprès de Dieu dans laquelle nous vivrons (enfin !) un amour parfait. L'histoire du Salut, par laquelle nous retrouvons l'amitié de Dieu, nous est révélée par la Bible, parole de Dieu adressée à chacun d'entre nous. Dieu, aujourd'hui, veut faire alliance avec nous, il <u>nous</u> parle.

| 16 | | 17 | Dieu conclut une première alliance avec **Noé** (joliment scellée par un **arc-en-ciel**)…

| 18 | | 19 | … puis **avec Abraham** et **Moïse**. Chaque alliance rapproche un peu plus les hommes de Dieu mais, si Dieu est fidèle, on ne peut pas en dire autant des hommes !

| 20 | **Dieu** leur envoie des messagers (les **prophètes**) pour qu'ils se convertissent, qu'ils changent leur cœur et reviennent vers lui. Par la voix des prophètes, Dieu annonce une alliance nouvelle et éternelle, **il promet aux hommes qu'il enverra un sauveur pour les rétablir définitivement dans son amour.**

| 21 | Cette promesse, il va la tenir. Ce Père plein d'amour envoie son propre Fils, **Jésus**, pour sceller l'alliance nouvelle et éternelle qu'il a promise. Il offre son Esprit Saint à tous ceux qui sont prêts à l'accueillir.

2. Jésus est Sauveur !

Les discours abstraits ne touchent personne. Partons du Jésus de l'Évangile, de ce qu'il était, de ce qu'il a dit, de ce qu'il a fait. Si nos fiancés repartent en sachant que Jésus les aime tant qu'il a donné sa vie pour les sauver et qu'il est vivant à leurs côtés, chaque jour, pour les éclairer, les fortifier, les libérer, nous n'aurons pas perdu notre temps.

| 22 | *« Draw my Faith 4 » : Jésus nous sauve ! La Nouvelle Alliance*

Pas de débat sur le vif cette fois-ci !
Nous allons directement reprendre les éléments de la vidéo, en y insérant nos microtémoignages. Cela demande une réelle préparation dans la prière.

Dieu réalise sa promesse : il envoie un Sauveur. **Jésus, son propre Fils.** C'est l'événement majeur de l'histoire de l'humanité.

A-t-il vraiment existé ?

« Jésus était né à Bethléem en Judée, au temps du roi Hérode le Grand. » Mt 2,1

« En ces jours-là, parut un édit de l'empereur Auguste, ordonnant de recenser toute la terre. » Lc 2,1-2

| 23 | Oui, sans aucun doute ! Tous les historiens, chrétiens ou non, l'attestent. Toutefois ce sont les Évangiles, écrits à partir du témoignage de ceux qui ont vécu près de lui, qui en parlent le mieux. Jésus est un homme historique : **il est né dans un lieu précis** (**Bethléem** en Judée) **à un moment précis** (« *au temps du roi Hérode le Grand* », sous « *l'empereur Auguste, […] lorsque Quirinius était gouverneur de Syrie* »), on sait où il a vécu, où et quand il est mort, qui étaient ses parents, ses amis, ses ennemis etc.

| 24 | Dans l'histoire des hommes, comme dans la Bible et dans la foi des chrétiens, **Jésus est au centre**. **Il marque le temps** : il y a un « avant » Jésus-Christ et un « après » Jésus-Christ. Tout événement est daté par rapport à sa naissance : notre naissance, notre mariage, notre prochain rendez-vous chez le dentiste… **Qui était-il pour que tous les hommes, aujourd'hui, se situent dans le temps par rapport à sa naissance ?**

Qui est-il vraiment ?

C'est la grande question ! Est-il simplement l'un de ces prêcheurs au charisme électrisant qui entraînent les foules derrière eux ? Un prophète à l'ancienne, comme ceux que Dieu envoyait autrefois pour presser les hommes de se convertir ? Un « *rabbi* », c'est-à-dire un spécialiste des Écritures saintes ? Où est-il, le Messie tant attendu ?

2 min de réflexion personnelle

Et vous, que dites-vous ? Pour vous, qui est Jésus ?
Grande question, qui mérite que chacun ferme les yeux et se la pose, en vérité. Laissons résonner cela au plus profond de nous pendant un instant.

Animons à plusieurs, alternons pour que ce soit aussi vivant que Jésus lui-même ! Chaque animateur peut, à un moment ou un autre, donner un court témoignage (par exemple : « Ce qui me touche particulièrement, c'est Noël parce que…, c'est le Vendredi saint parce que…, c'est Pâques, parce que…, c'est telle ou telle parole de Jésus » etc.).

| 25 | **« Tu lui donneras le nom de Jésus. » (Lc 1,31)** L'ange qui annonce sa naissance à Marie lui donne son nom. Le nom, dans la Bible, a une grande importance, il dit quelque chose de la personne qui le porte.

| 26 | **Jésus, c'est son nom.** En hébreu, cela signifie **« Dieu sauve » (Mt 1,21)**.

| 27 | **Christ, c'est sa mission.** En grec, cela signifie « l'oint », celui qui a reçu l'onction de Dieu, qui est animé par son Esprit. Jésus est le **Messie**, celui que le Père a envoyé pour nous sauver du péché et de la mort, pour établir une alliance définitive avec les hommes – avec chacun de nous, en particulier.

| 28 | On l'appelle aussi **Emmanuel**, ce qui signifie **« Dieu avec nous »** (Mt 1,23).

Jésus est un homme. Il partage pleinement notre humanité mais sans jamais pécher.

Jésus est aussi le Fils éternel de Dieu.

Vrai homme, Jésus est aussi **vrai Dieu**. Cet enfant né à Bethléem il y a 2 000 ans (c'est ce que nous fêtons à Noël), c'est Dieu lui-même, Dieu en chair et en os qui vient parmi nous.

| 29 | ***« Car Dieu a tellement aimé le monde qu'il a donné son Fils unique, afin que quiconque croit en lui ne se perde pas, mais obtienne la vie éternelle. »*** **(Jn 3,16)** Le Père n'a pas envoyé un prophète, ni même un ange, il a envoyé son Fils unique pour nous sauver. **Il n'avait rien de plus grand, de plus précieux à nous offrir.** Quelle plus grande preuve d'amour aurait-il pu nous donner ? Qui sommes-nous, franchement, pour que Dieu nous aime ainsi ?

Une Parole brûlante !

| 30 | Jésus nous apporte la **Bonne Nouvelle** (c'est ce que signifie le mot « Évangile ») : il nous dit que **Dieu nous aime, qu'il veut que tous les hommes soient sauvés et vivent avec lui pour toujours**. Il nous révèle que Dieu est un Père plein de miséricorde, prêt à pardonner à celui qui vient vers lui, le cœur ouvert.

Il nous demande d'aimer Dieu et notre prochain comme nous-mêmes, de vivre dans la justice, la vérité selon notre dignité d'enfant de Dieu. Jésus nous demande de voir, en chaque homme, chaque femme, un frère ou une sœur à aimer comme lui, l'aime. Il nous l'assure : tout ce que nous faisons pour nos frères, c'est à lui que nous le faisons.

La parole de feu du Christ est, avant tout, une parole d'amour. Mais il n'y a pas d'amour sans vérité… Jésus dénonce vigoureusement le péché et la dureté des hommes. Il les invite à se convertir, c'est-à-dire à revenir vers Dieu, à changer leurs cœurs de pierre en cœurs « de chair », à aimer Dieu et leur prochain comme eux-mêmes, à vivre dans la justice, la vérité et l'amour selon leur dignité d'enfants de Dieu. Elle est brûlante, cette parole mais aussi très douce pour tous ceux qui reconnaissent leur faiblesse et crient vers lui ! Les nombreux signes et miracles opérés au vu et au su de tous (les malades guérissent, les aveugles recouvrent la vue, les lépreux sont purifiés, les morts ressuscitent, le démon est chassé etc.).

Besoin d'un beau témoignage ?
https://vu.fr/tkb3
Glorious, minutes 24 à 26

Crucifié pour nous

| 31 | Ulcérés par sa parole de feu, par ses miracles et par la joie de tous ceux qui croient en lui et le suivent, les ennemis de Jésus le font arrêter pour le juger et le mettre à mort. Jésus supporte sa Passion avec amour et patience. **Il se donne lui-même en sacrifice, il offre librement sa vie pour nous sauver du péché et de la mort. Il échange sa vie contre la nôtre,**

il prend sur lui tous nos péchés pour que nous ayons la vie éternelle. Il donne sa vie pour chacun de nous.

Fouetté, insulté, couronné d'épines, il porte lui-même sa croix au lieu du supplice. Dépouillé de ses vêtements, cloué sur la Croix, le Fils de Dieu meurt crucifié comme un bandit.

La croix est le signe des chrétiens parce que **c'est le signe de l'amour absolu !**

| 32 | Chacun de nous peut dire, en toute vérité : **« il est mort pour moi. »**

- Il faut se représenter la crucifixion pour comprendre de quel amour Jésus nous a aimés, aussi proposons-nous ce temps de méditation. Il peut être très court, l'essentiel est d'en faire une expérience intérieure.

2 min de réflexion personnelle

Méditons un instant, fermons les yeux... *Il fait nuit, plutôt froid. En avril, à Jérusalem, les nuits peuvent être encore bien fraîches... Un homme prie dans un jardin planté d'oliviers. Il est triste et angoissé, sa prière est intense, on le sent très seul. À proximité, quelques hommes dorment. Jésus leur a demandé de veiller et de prier avec lui, mais ils se sont endormis... Tout est calme, la solitude de Jésus et son angoisse sont extrêmes. Il va mourir d'une manière atroce et il le sait.*

Il fait jour, à présent. Quelle est cette foule agitée qui sort de Jérusalem en plein milieu du jour ? Rapprochons-nous. Voici Jésus. Il est méconnaissable : lacéré de coups de fouet, tuméfié, couronné d'épines, ensanglanté, il puise dans ses dernières forces pour porter, sur ses épaules à vif, la lourde croix sur laquelle on va le crucifier. Il tombe une fois... deux fois... trois fois. Il n'en peut plus. La haine, la violence qui l'entourent contrastent avec sa patience, son humilité, sa grandeur. Dépouillé de ses vêtements, il est cloué sur la croix. Cloué.

Approchons-nous, regardons son visage, son regard plein de tendresse est posé sur nous.

| 33 | ***« En fait, c'étaient nos souffrances qu'il portait, nos douleurs dont il était chargé. [...] Or, c'est à cause de nos révoltes qu'il a été transpercé, à cause de nos fautes qu'il a été broyé. [...] Par ses blessures, nous sommes guéris. »*** **(Is 53,4-5)**

Par la croix, **Jésus scelle la Nouvelle Alliance de son sang**. L'Alliance avec Moïse avait été conclue par le sang des animaux sacrifiés selon les rites des Hébreux (Ex 24,8). **Le « sang de l'Alliance Nouvelle et Éternelle », c'est celui du Fils de Dieu. L'Agneau du sacrifice, cette fois, c'est Jésus.**

| 34 | La veille de sa mort, alors qu'il célébrait la Pâque juive avec ses disciples, Jésus avait pris du pain, l'avait béni et donné à ses disciples en disant : « *prenez, mangez, ceci est mon corps* ». (Mt 26,26)

Puis il a pris une coupe de vin et fit de même en disant : « *ceci est mon sang, le sang de l'Alliance versé pour la multitude en rémission des péchés* ». (Mt 26,27)

Jésus a ajouté : « *faites cela en mémoire de moi* ». (Lc 22,19)

Depuis, les chrétiens renouvellent ce geste en action de grâce pour cet amour qui leur a rendu la vie. **L'eucharistie** n'est pas un simple souvenir, elle rend présent le sacrifice du Christ pour que nous puissions recevoir tout son amour.

Ressuscité !

2 min de réflexion personnelle

Méditons encore un court instant. Fermons les yeux...

Le jour se lève. Quelques femmes, perdues dans leurs voiles et leur tristesse, montent la colline. Elles portent des plantes et des aromates, elles vont embaumer le corps de Jésus, selon la coutume juive. Elles arrivent au tombeau où, l'avant-veille, devant leurs yeux, on a déposé Jésus, mort.
Approchons du tombeau avec elles. Les voilà frappées de stupeur ; elles courent, saisies d'angoisse. Le tombeau est ouvert, la pierre qui le fermait est roulée sur le côté, un ange assis dessus !

« Soyez sans crainte ! [...] Jésus le Crucifié [...] n'est pas ici, car il est ressuscité comme il l'avait dit. » (Mt 28,5-6).

| 35 | Il est ressuscité ! La Résurrection est un fait historique qui ouvre sur l'éternité : Jésus est vraiment mort, son corps déposé dans le tombeau a repris vie et est entré dans la gloire (c'est ce que l'on fête à Pâques). **Mort pour nos péchés, Jésus est ressuscité pour nous donner la vie éternelle. Nous sommes sauvés !**

| 36 | « *Que toute la maison d'Israël le sache donc avec certitude :* ***Dieu l'a fait Seigneur et Christ, ce Jésus que vous aviez crucifié.* » (Ac 2,36) Être sauvé, c'est être libéré du péché, retrouver sa capacité d'aimer et, après la mort, partager la vie de Dieu, une vie éternelle dans laquelle nous vivrons enfin un parfait amour.**

Invitons **l'un des catéchumènes de la paroisse ou un nouveau baptisé** pour animer cette rencontre avec nous et témoigner de sa rencontre avec Jésus. Cela peut être l'occasion d'une très belle expérience ecclésiale...

Nous attestons !

« ***Nous avons vu et nous attestons.*** » Ce dont nous parlons, ce sont des faits, des événements qui ont eu des témoins. Jésus était mort, vraiment mort, des dizaines de personnes en ont été témoins. Par la puissance de l'Esprit Saint, il est ressuscité. Et là encore, **les témoins sont nombreux** ! Pas de la résurrection elle-même, mais des nombreuses apparitions du Christ ressuscité dans les quarante jours qui ont suivi la Résurrection. Il s'est laissé toucher par l'apôtre Thomas (qui a attesté qu'il avait bien un vrai corps avec les vraies plaies de la Crucifixion), il a rejoint ses apôtres partis pêcher, il a mangé avec eux, a continué à les enseigner. Depuis 2 000 ans, tant de chrétiens ont rencontré Jésus ressuscité !

Après quarante jours, il est « monté aux cieux » (c'est ce que nous fêtons à **l'Ascension**) en promettant de nous envoyer l'Esprit Saint, pour nous aider, nous guider, nous soutenir. Ce qu'il a fait, et que nous fêtons à **la Pentecôte**.

L'Évangile, ce sont des faits rapportés par des gens qui en ont été témoins. Ils racontent ce qu'ils ont vu, entendu, vécu. La simplicité de leur récit est parfois surprenante tant elle est factuelle, sans commentaire ni analyse personnelle. Voilà qui est rare pour des témoins ! *J'étais là, j'ai vu, j'ai entendu, j'atteste, je signe, point !*

Mort pour nos péchés, ressuscité, Jésus nous appelle, nous aussi, à revenir vers Dieu de tout notre cœur. Dieu, notre Père plein de miséricorde, nous attend, les bras grands ouverts...

> « *Nous avons vu et nous attestons que le Père a envoyé son Fils comme Sauveur du monde.* »
> 1 Jn 4,14

Ressuscité, Jésus est monté aux cieux. Mais il a promis qu'il viendra « dans la gloire, pour juger les vivants et les morts et son règne n'aura pas de fin ». Ce sera ce que nous appelons parfois « la fin du monde ». Fin du monde tel que nous le connaissons aujourd'hui, fin définitive du péché et de la mort, début d'une ère (sans fin !) où nous vivrons en pleine et parfaite communion avec Dieu et les uns avec les autres. Si nous choisissons de répondre à l'amour de Dieu, nous ressusciterons (avec notre corps), pour vivre éternellement avec lui. Ce choix définitif, nous le préparons aujourd'hui en aimant notre prochain (conjoint, tout particulièrement) « comme nous-mêmes ».

| 37 | ***« Jésus Christ t'aime, il a donné sa vie pour te sauver, et maintenant il est vivant à tes côtés chaque jour pour t'éclairer, pour te fortifier, pour te libérer ».*** **(Pape François, *Evangelii gaudium (La Joie de l'Évangile)*, n° 164)**

Pour conclure, il serait bon d'offrir à nos invités, un témoignage vivant, en veillant à ne pas parler de nous-mêmes, mais de Jésus et des merveilles qu'il a faites dans notre vie. Parler de notre rencontre, de notre intimité avec lui, dire comment on lui parle, ce qu'on lui dit, ce qui nous touche dans ses Paroles, dans sa vie etc.

Est-ce que nous voulons nous laisser sauver ? Est-ce que nous voulons accueillir cette Bonne Nouvelle ? Une chose est de savoir que Jésus nous a sauvés, autre chose de l'accueillir de telle sorte que cela change toute notre vie… Cet amour nous est donné, gratuitement, sans contrepartie. Dieu ne s'impose pas, il nous tend la main mais nous laisse toujours libres de répondre ou non à son amour.

Jésus ressuscité est vivant, Il est proche de nous. La foi, ce n'est pas une idée, ni des lois, des théories compliquées… La foi, c'est **une rencontre avec Jésus, une rencontre avec une personne vivante qui vient changer notre vie.**

Proposer un temps de partage ?

La rencontre a été chargée à tous points de vue, c'est de loin la plus dense du parcours.

Faut-il finir par un moment de partage en petits groupes pour échanger sur ce que les fiancés ont perçu du Christ, leur demander ce qui les a touchés, choqués, surpris etc. ?

Faut-il proposer aux fiancés d'apporter leur propre témoignage ? L'un des fiancés veut-il témoigner de son lien avec Jésus ?

À nous de voir comment terminer, selon la manière dont les fiancés ont accueilli notre témoignage. Plus que jamais, adaptons-nous à la situation !

| 38 | ***La minute-agenda***

Notez maintenant :

- La date de la prochaine rencontre en groupe.
- Votre prochain rendez-vous galant ! *Où et quand vous retrouverez-vous en amoureux pour approfondir ce qui a été vu aujourd'hui ?*

| 39 | ***Livret des fiancés***

Insistons sur l'importance des temps de dialogue et de réflexion proposés dans le *Livret des fiancés*.

TEMPS DE PRIÈRE

Prier ensemble pour dire « merci »

40 PRIER POUR DIRE « MERCI »

Nous recevons beaucoup ! Savons-nous remercier le Seigneur pour ses bienfaits ? Pour la vie qu'il nous a donnée ? Pour l'amour dont il nous comble ? Pour l'amour qui nous unit à notre famille, à notre fiancé(e) ?

Nous pouvons imprimer chacune des paroles suivantes sur du papier cartonné (au recto, le verset de la parole de Dieu ou la citation ; au verso, une belle image du Christ).
Déposons le tout dans une corbeille, devant une icône du Christ.
Chaque couple vient, à tour de rôle, chercher une Parole.
Quand tout le monde a la sienne, chacun lit à haute voix le verset qu'il a reçu. On laisse dix secondes de méditation entre deux versets.
Le prêtre ou le diacre peut alors, en quelques mots, guider la méditation sur le thème : « cette Parole est pour toi, le Christ a donné sa vie pour toi ».

« Jésus Christ t'aime, il a donné sa vie pour te sauver, et maintenant il est vivant à tes côtés chaque jour pour t'éclairer, pour te fortifier, pour te libérer. » **Pape François** (*Evangelii gaudium (La Joie de l'Évangile)*, n° 164)

« Il a pris nos faiblesses, il a porté nos souffrances, il a été meurtri pour nous afin de nous sauver de nos blessures ; [...] il nous a rachetés, il a souffert la mort la plus infamante pour nous conduire à la vie de la gloire. [...]
Que rendrons-nous donc au Seigneur pour tout ce qu'il nous a donné ?
Il est si bon qu'il ne demande rien en compensation de ses bienfaits ; il se contente d'être aimé ! »
Saint Basile le Grand

« Nous avons vu et nous attestons que le Père a envoyé son Fils comme Sauveur du monde. »
Saint Jean (1 Jn 4,14)

« Que toute la maison d'Israël le sache donc avec certitude : Dieu l'a fait Seigneur et Christ, ce Jésus que vous aviez crucifié. » **Saint Pierre** (Ac 2,36)

« Car Dieu a tellement aimé le monde, qu'il a donné son Fils unique, afin que quiconque croit en lui ne se perde pas, mais obtienne la vie éternelle. » **Saint Jean** (Jn 3,16)

« Avant tout, je vous ai transmis ceci, que j'ai moi-même reçu : le Christ est mort pour nos péchés conformément aux Écritures, et il fut mis au tombeau ; il est ressuscité le troisième jour conformément aux Écritures, il est apparu à Pierre, puis aux Douze. » **Saint Paul** (1 Co 15,3)

« Et nous, nous vous annonçons cette Bonne Nouvelle : la promesse faite à nos pères, Dieu l'a pleinement accomplie pour nous, leurs enfants, en ressuscitant Jésus, comme il est écrit au psaume deux : "Tu es mon fils, moi, aujourd'hui, je t'ai engendré". » **Saint Paul** (Ac 13,32-33)

« Jésus Christ t'a sauvé ! » **Pape François**

Notes

MODULE 4

Aimer, c'est progresser

Avec ce module, nous entrons de plain-pied dans la préparation du sacrement lui-même. Le module suivant (5) en déclinera les quatre grands piliers. Nous nous en tiendrons ici aux grands principes fondateurs, ce qui devrait déjà bien nous occuper !

Il est bon de se resituer dans le fil des rencontres précédentes, de montrer la dynamique du Salut, de reprendre brièvement ce qui a été dit pour que nos fiancés saisissent la logique de l'ensemble et comprennent que, **par le sacrement de mariage, Jésus vient « sauver » leur amour et les aider à le vivre « comme aux origines » – et mieux encore**. Nous allons essayer de leur faire prendre conscience que **le Christ va être présent dans leur vie**, qu'il s'engage à leurs côtés pour les aider à vivre pleinement leur amour, à se donner, comme lui s'est donné.

L'hymne à la Charité est une clé pour comprendre comment le sacrement de mariage « perfectionne » l'amour des époux. Il permet, par ailleurs, de donner des pistes de réflexion très concrètes qui aideront les fiancés à repenser leurs fonctionnements (attitudes et habitudes déjà bien installées) pour se laisser transformer par la grâce du sacrement de mariage.

Cette rencontre est séquencée en deux grandes parties. Un petit entracte entre les deux sera certainement le bienvenu !

Un peu de lecture ?

Pape François,
Amoris laetitia (La Joie de l'amour),
chapitre 4

Besoin d'une vidéo ?

http://jesusbox.fr/mariage

LE PROGRAMME...

1. *Le sacrement de mariage, signe du Salut*
2. *L'amour transfiguré !*

SÉQUENCE 1

Le sacrement de mariage, signe du Salut

Notre objectif

Expliquer ce qu'est le sacrement de mariage, et aider les fiancés à comprendre que la présence du Christ à leurs côtés devrait transformer leur amour et changer leur vie ! Projet ambitieux qu'il nous revient de traduire en mots simples...

1. QU'EST-CE QU'UN SACREMENT ?

Un signe efficace de l'amour de Dieu

| 2 | **Un signe d'amour** : dans l'Évangile, Jésus touche les malades pour les guérir, les aveugles pour leur rendre la vue, les infirmes pour les relever etc. Chaque miracle est un signe de sa tendresse, de sa miséricorde et du Salut qu'il apporte aux hommes. Par les sacrements, Jésus, aujourd'hui, donne ses mains aux prêtres (et aux diacres pour certains sacrements) pour qu'ils nous bénissent, nous touchent, nous guérissent en son nom. Un sacrement est un signe de la présence, de la tendresse, de la miséricorde du Christ, une manière de nous dire : « *je t'ai sauvé.* »

| 3 | **Un signe visible** : les sacrements manifestent, par des réalités visibles de la vie quotidienne (des paroles et des gestes, de l'eau, de l'huile, du pain, du vin), une réalité cachée, difficile à représenter, bien plus grande que ce que l'on en voit. *Ex. Une hostie non consacrée n'est qu'un peu de pain. Consacrée par les paroles et les gestes de Jésus lui-même, elle ne change pas d'aspect, mais elle change de substance (ce n'est plus la même réalité) : elle est réellement le corps de Jésus mort et ressuscité pour nous.* Par des moyens humains très simples, **le Christ ressuscité agit réellement dans notre vie,** dans notre cœur. *Ex. Par le sacrement de mariage, notre amour est transfiguré par celui de Dieu, il prend réellement une tout autre dimension.*

| 4 | **Un signe efficace** : chaque sacrement accomplit réellement ce qu'il promet *(l'eau du baptême lave réellement du péché originel et rend fils de Dieu, l'huile de l'onction communique réellement l'Esprit Saint, le pain de l'eucharistie nourrit réellement nos âmes etc.),* mais ne sera « efficace » que si nous l'accueillons. Le Christ vient nous toucher, mais si nous ne répondons pas à son amour, le sacrement ne portera pas de fruits dans notre vie. **Sa fécondité dépend de notre coopération.** Si « ***nous travaillons avec Dieu qui travaille*** », notre mariage sera transfiguré !

Sept sacrements

Les sept sacrements constituent des moments essentiels dans la vie des chrétiens. Ce sont un peu les escaliers de la vie chrétienne, ils nous élèvent vers le Christ.

| 5 à 7 | Le **baptême** (qui fait de nous des enfants de Dieu), **la confirmation** (qui nous donne l'Esprit de Pentecôte et fait de nous des témoins du Christ) et **l'eucharistie** (qui nourrit notre amour semaine après semaine) nous « initient » à la vie chrétienne.

Les animateurs apportent de microtémoignages (1-2 min), pour dire comment ils vivent au quotidien du baptême, de l'eucharistie, du sacrement de la réconciliation etc. et comment cela nourrit leur relation à Dieu etc.

| 8 | Par le **sacrement du pardon et de la réconciliation**, nous recevons le pardon de Dieu pour nos péchés et la force de changer nos cœurs pour devenir meilleurs, pour choisir le bien.

| 9 | Par le **sacrement des malades** : Dieu nous donne la force de traverser la maladie avec force et patience, uni à Jésus crucifié.

| 10 | Par le **sacrement de l'ordre**, les prêtres et les diacres sont consacrés pour agir au nom du Christ.

| 11 | | 12 | La présence de Jésus au cœur de leur union perfectionne l'amour des époux. Le **sacrement de mariage** restaure leur capacité à aimer vraiment à la manière de Dieu en se donnant librement, fidèlement l'un à l'autre, pour toujours. Si le mariage est une réalité naturelle inscrite au plus profond du cœur de tous les hommes, le sacrement de mariage lui confère une dimension *réellement* surnaturelle : les époux ne reçoivent pas un « petit plus » mais **une grâce, une force nouvelle** (et constamment renouvelée s'ils « travaillent avec Dieu qui travaille ») **pour vivre leur amour selon le projet de Dieu**.

Le sacrement de mariage est au mariage ce que le ***vélo*** *électrique est au vélo ordinaire ! Il aide à monter les côtes ! Mais ce n'est pas une mobylette : il faut pédaler un minimum pour entraîner le moteur, faute de quoi on n'avance pas du tout… La grâce du sacrement de mariage, c'est ce petit moteur qui ne prend pas de place mais rend de grands services, pourvu qu'on y coopère.*

2. Le mariage, signe de l'amour du Christ pour l'Église

| 13 | ***« Vous, les hommes, aimez votre femme à l'exemple du Christ : il a aimé l'Église, il s'est livré lui-même pour elle. » (Ep 5,25)***

Quand des époux s'aiment en vérité, en se donnant l'un à l'autre, leur amour révèle l'amour de Dieu, **leur communion est une image de la communion des personnes divines, comme à l'origine**. Mais ce n'est pas tout ! **Dans la Nouvelle Alliance, le mariage a une nouvelle dimension : il est aussi, désormais, le reflet des noces du Christ et de l'Église**. C'est ce que saint Paul explique aux chrétiens d'Éphèse (Ep 5) : Jésus est l'Époux qui aime l'Église, son Épouse. Comment l'aime-t-il ? En donnant sa vie pour elle ! Et comment l'Église aime-t-elle le Christ, son époux ? En accueillant son amour, en se donnant à lui et aux autres, qui sont comme le corps du Christ.

Le mariage chrétien, c'est cela : accueillir l'autre, reconnaître et revoir ce qu'il nous donne, l'aimer « comme son propre corps », se donner à lui, lui offrir sa vie. **Le sacrement de mariage est une grâce pour s'aimer à la manière du Christ et de l'Église, et proclamer ce grand mystère d'amour qui les unit.** « Ce mystère est grand », s'exclame saint Paul. En effet !

2 min de réflexion personnelle

| 14 | ***Suis-je réellement prêt à faire une place à Dieu dans ma vie, dans mon couple ? Que signifie pour moi me marier « devant Dieu » ? Qu'est-ce que cela changera dans ma vie ?***

3. Le Christ sauve notre amour !

15 **Les noces de Cana (Jn 2,1-11).** Du temps de Jésus, on se mariait comme aujourd'hui, en faisant la fête. Dans son Évangile, saint Jean raconte un mariage à Cana, un petit village de Galilée. Jésus, ses Apôtres et Marie, sa mère, ont été invités...

À lire dans une vraie Bible en vrai papier bible. Pas pour le folklore mais parce que la parole de Dieu, ça a du poids.

16 *Temps de Lectio divina*

Si le groupe le permet, invitons les fiancés à écouter le **texte**, les yeux fermés et à se représenter la scène. Il s'agit d'une **histoire vraie** : les lieux, le climat, les gens, le vin, tout cela est réel. Jésus est dans le réel, il répond à des problèmes concrets. Chacun prend ensuite trois minutes pour **relire le texte et extraire un mot ou un verset qui le frappe particulièrement**, et qu'il partage ensuite avec les autres, s'il le souhaite, un commentaire personnel que l'on écoute... religieusement ! Les grandes lignes seront tracées pour tous après : aucun débat à ce stade, notre but, pour l'instant, est de faire « entrer » les fiancés dans le texte, de les aider à intérioriser la parole de Dieu.

Nous avons invité le Christ à notre mariage ? Il va se réjouir avec nous, avec nos invités et fournir à tous le vin qui ne manquera pas : celui de son amour.

- **Le premier vin des noces de Cana, c'est la passion des amoureux,** tout feu tout flamme, émerveillés l'un devant l'autre : il est bon, ce vin, on a l'impression qu'il y en aura toujours. Mais, **au fil du temps,** la passion s'émousse, **le vin manque** ; il reste **l'eau du puits** (le train-train des habitudes et des soucis du quotidien). Pas très festif ! Alors, on peut être tenté de changer de « partenaire », pour retrouver l'ivresse des débuts. Mais, inévitablement, au bout d'un certain temps, le train-train va revenir (c'est un omnibus).

- Jésus transforme l'eau du puits en **très bon vin.** Halte à la piquette ! Par le sacrement de mariage, Jésus va transfigurer notre amour fragile, sujet à l'usure, en grand cru classé – il aura un goût... divin ! La solution à l'usure, ce n'est pas de changer de « partenaire », mais de confier notre amour au Christ, de le laisser transformer nos cœurs et nous infuser sa force pour que nous puissions nous aimer de plus en plus profondément.

- Jésus ne puise pas lui-même : **il faut remplir nos jarres et lui apporter** notre eau, il nous laisse l'initiative. Accueillir la grâce du sacrement de mariage suppose une ouverture du cœur, la volonté de coopérer à l'œuvre de Dieu et de se laisser transformer par son amour. Si nous ne travaillons pas « avec Dieu qui travaille », le sacrement de mariage portera peu de fruits dans notre vie.
- Jésus transforme beaucoup d'eau en **beaucoup de vin** : six jarres de 100 litres, il y a de quoi faire une belle fête ! Heureusement que les invités vont rentrer à pied ! 600 litres, cela semble fou... parce que l'amour de Dieu est fou ! **Le vin de l'amour de Dieu ne manque jamais, il est surabondant.**

- **Le bon vin du mariage doit être partagé** : il est donné en abondance pour être bu par tous les invités, pour que tous soient, eux aussi, égayés, fortifiés, réchauffés par la présence du Christ. Les invités, c'est aussi, plus largement, le monde dans lequel nous vivons et qui, mystérieusement mais réellement, sera comme éclairé par notre amour conjugal. Notre mission ? Manifester, par notre amour, l'amour de Dieu pour tous les hommes.
- C'est le premier (et très prometteur !) miracle de Jésus. Que Jésus se révèle publiquement lors d'un mariage montre quelle dignité est attachée à ce bel événement. C'est une sorte d'**annonce du sacrement de mariage**, une manière de dire : « le mariage est une belle vocation ! Désormais, je serai à tous les mariages où l'on m'invitera et je veillerai à ce que l'on ne manque de rien ». Jésus n'est pas venu seul mais avec sa mère et ses disciples (l'Église) qui seront toujours, également, aux côtés des époux.

Heureusement que Jésus était là, sinon le mariage aurait été gâché !

Jésus « sauve » le mariage de Cana, mais aussi le nôtre ! **Il ne nous a pas « simplement » sauvés il y a 2 000 ans : par la grâce du sacrement de mariage**, il sauve aujourd'hui notre amour, il guérit nos cœurs de leur égoïsme, il les libère de leur dureté, il nous rend capables d'aimer en vérité, d'aimer *comme* Dieu aime, de nous donner *comme* il se donne, de pardonner *comme* il pardonne. Dieu se donne à nous pour qu'à notre tour, nous puissions nous donner l'un à l'autre, à nos enfants, nos proches, aux plus pauvres etc.

> « Plaise à Dieu que son Fils soit invité à toutes les noces comme il le fut à Cana ! »
>
> Saint François de Sales

Le sacrement de mariage n'est pas une « opération dernière chance » pour recoller les pots cassés par Adam et Ève ! C'est un cadeau de Dieu pour nous permettre de réaliser ce que nous portons de plus beau, ce désir profond que nous avons de nous donner pour vivre une authentique communion. Le Salut n'est pas un retour en arrière, mais l'accomplissement du projet de Dieu, aujourd'hui. Il ne s'agit donc pas de restaurer un système qui aurait buggé (comme on réinitialiserait un ordinateur), mais de le mener à son terme, dans notre vie.

Le sacrement de mariage n'est pas une assurance tous risques mais une assurance assistance : **Jésus sera toujours là pour partager les joies et les aider les à surmonter les épreuves** et à vivre conformément au projet d'amour de Dieu. La fameuse « grâce » du sacrement, c'est cette force salvatrice qui va :

- Rétablir la confiance perdue par Adam et Ève et permettre aux époux de vivre une communion profonde « à l'image » de la communion que vivent le Père et le Fils dans l'Esprit Saint.
- Rétablir l'égalité originelle de l'homme et de la femme et leur permettre d'accueillir la différence comme un don, dans la diversité des sexes, des charismes et des talents, bref de vivre joyeusement et sereinement l'altérité dans la complémentarité.
- Rétablir la capacité de chacun des époux à recevoir et à se donner en vérité, « comme » Dieu se donne.
- Devenir, ensemble, signe de l'alliance du Christ et de l'Église.
- Porter du fruit, ensemble et séparément, dans le monde et dans l'Église.

SÉQUENCE 2

L'amour transfiguré

Notre objectif

Montrer qu'aimer, c'est poser des actes concrets ! Donner des clés pour aider chacun à progresser, à s'ajuster, à aimer en actes et en vérité.

- Cette séquence se termine par un temps à deux : gardons un œil sur l'horloge afin de ne pas raccourcir ce moment important.

- Le premier défi de cette séquence est de l'animer de manière interactive, rapide et dynamique !

« *L'homme patient vaut mieux que le héros : mieux vaut maîtriser son humeur que prendre une ville.* » Pr 16,32

17 **L'hymne à la Charité – 1 Co 13,1-8** – *Lire le texte dans la grosse Bible qui a servi tout à l'heure… La parole de Dieu, c'est lourd de sens.*

Passer de l'honnête cru bourgeois au grand cru classé, cela ne va pas se faire tout seul ! Quant à nous aimer « comme » le Christ aime l'Église et « comme » l'Église aime le Christ, voilà qui semble un peu abstrait ! L'hymne à la charité est **une clé concrète pour comprendre comment le sacrement de mariage perfectionne l'amour des époux** et leur permet de vivre **la charité**, c'est-à-dire un amour transfiguré par la présence de Dieu, un amour où l'on se donne à l'autre comme Jésus sur la croix.

1. LES GRANDS DÉFIS DE L'AMOUR VÉRITABLE

Temps de partage en petits groupes

Chaque groupe réfléchit quelques minutes sur un des thèmes évoqués par saint Paul, à partir des questions proposées ci-dessous. On reprend ensuite thème par thème, en commençant par écouter les remontées du groupe qui l'a creusé. Les animateurs synthétisent et complètent ce qui a été dit, en restant très concrets, factuels, sans chercher à donner des leçons (renonçons, une fois pour toutes, aux incantations qui commencent par « Il faut… », « Y a qu'à… » etc.) et en apportant de petits témoignages (1 min) éclairants. Attention, nous risquons de toucher des points sensibles : beaucoup de délicatesse et un peu d'humour aideront à prendre la distance nécessaire.
Nous pourrons difficilement tout aborder, choisissons quelques thèmes que nous approfondirons.

L'amour prend patience !

18 **La devise de sainte Thérèse d'Avila : « *La patience obtient tout.* »**

Quelles attitudes, quels actes, quelles paroles sont source d'agacement ? Comment, concrètement, progresser dans la patience ?

La patience, nous dit le pape François, est « *la qualité du Dieu de l'Alliance qui est lent à la colère et toute miséricorde* » (*Amoris laetitia* (*La Joie de l'amour*).) Il ne s'agit évidemment pas de supporter l'intolérable (violence, haine, insulte, blasphème, etc.), mais, avec persévérance, de rejeter le mal sans rejeter celui qui le commet. Admettons que l'autre soit différent, qu'il ait ses propres schémas, sa propre culture, sa façon à lui de charger le lave-vaisselle ! Renonçons à avoir toujours raison, à détenir la vérité, à faire passer les autres à travers nos filtres et nos méthodes. Laissons-leur du temps pour déployer leurs talents, pour progresser.

La patience, dans la Bible, est aussi l'attitude de celui qui traverse les épreuves avec courage, uni au Christ. La patience est un fruit de l'Esprit Saint (Ga 5,22) : le chrétien est patient avec son prochain parce qu'il sait à quel point Dieu est patient avec lui !

Une attitude à cultiver ? La douceur.

L'amour rend service !

19 Le conseil de sainte Bernadette : « *Aime sans mesure et dévoue-toi sans compter.* »

Qu'est-ce qu'un esprit de service ? Comment peut-il être vécu dans le couple ? Quelles qualités développer, quels petits trucs concrets mettre en œuvre pour progresser dans ce domaine ?

Être au pouvoir, c'est la logique du monde ; être au service, c'est la logique de l'Évangile. Pour les chrétiens, à la suite du Christ, servir les autres est le chemin du vrai bonheur et la manière la plus concrète de servir Dieu.

Créatif et dynamique, l'amour se manifeste en actes concrets, parfois très petits, humbles, gratuits et discrets. Chaque service rendu est une victoire sur l'égoïsme. Pour « faire le bien », il faut voir le bien à faire. Demandons à l'autre ce qui lui ferait plaisir, ce qui lui faciliterait la vie. Une fois que nous avons vu le bien à faire, faisons-le ! Aidons l'autre à rendre service en lui disant, très concrètement, comment il pourrait nous aider. Laissons-lui la joie de nous servir… sans l'asservir. Et découvrons la joie de le servir.

Une attitude à développer ? La prévenance.

> « *Le Fils de l'homme n'est pas venu pour être servi, mais pour servir, et donner sa vie en rançon pour la multitude.* »
> Mc 10,45

L'amour n'envie pas, ne jalouse pas !

20 Le conseil du pape François : « *Décentre-toi ! Accepte que l'autre ait des talents que tu n'as pas, valorise-le, cultive la générosité.* »

D'où vient l'envie, cette tristesse devant ce que l'autre a et que l'on n'a pas, soi ? En quoi mine-t-elle le couple ? Quelles qualités développer, quels petits trucs concrets mettre en œuvre pour en guérir ? Quel est l'effet de la méfiance et de la jalousie dans un couple ? Comment en guérir ?

Mortifère, **l'envie** a pourri le cœur du démon. L'envie est une tristesse devant ce que l'autre a et que l'on n'a pas soi-même… On voudrait avoir son intelligence, son talent pour jouer à la belote, sa capacité d'écoute, son succès professionnel etc. On l'admire et, en même temps, on lui en veut un peu. Alors on se réjouit silencieusement de ses échecs, on devient acerbe, on s'aigrit. « *Sois content pour ton frère* », disait souvent une mère de famille à ses enfants ! Valorisons notre conjoint et aidons-le à réussir, à déployer ses talents (cela ne diminuera pas les nôtres), réjouissons-nous de ses qualités et de ses succès, bénissons Dieu pour ses bienfaits.

Une attitude à développer ? L'émerveillement.

La jalousie aussi est mortifère. C'est le signe d'un amour qui veut posséder, contrôler, un amour qui ne fait pas confiance. Un couple n'est pas un enfermement à deux : il préserve l'autonomie, le jardin secret de chacun et permet que la relation s'enrichisse des expériences vécues par chacun des époux. La défiance commence souvent de manière anodine, on ne la voit pas

> « *C'est par la jalousie du diable que la mort est entrée dans le monde.* »
> Sg 2,24

venir, on laisse faire, alors elle s'amplifie jusqu'à devenir, dans certains cas, une jalousie morbide.

Une attitude à développer : La confiance, socle de la fidélité.

Le constat de Françoise Dolto : « *La jalousie n'est pas une preuve d'amour mais d'immaturité.* »

L'amour ne se vante pas, ne se gonfle pas d'orgueil !

« Prenez l'ascenseur suivant, il n'y a pas assez de place pour moi et votre égo. »
Vesper Lynd à James Bond (Casino Royale)

Quand l'égo est hypertrophié, il n'y a pas de place pour deux... Ça ne passe ni dans l'ascenseur, ni dans le couple.

| 21 | Le conseil de Jésus à sainte Catherine de Sienne : « *Si vous n'éteignez pas vous-même votre amour-propre, il n'est personne qui puisse l'éteindre.* »

D'où vient le besoin de se vanter, de briller, d'être admiré ? Quels sont ses effets sur le conjoint ? Pourquoi l'orgueil est-il destructeur pour la vie à deux ? Quelles qualités développer, quels petits trucs concrets mettre en œuvre pour cultiver l'humilité à deux ?

Derrière ces mots, se cachent deux réalités : le besoin d'être reconnu, d'exister dans le regard de l'autre, d'être admiré, mais aussi une logique de pouvoir, de compétition. Que prétendons-nous prouver en nous gonflant comme la grenouille qui voulait se faire plus grosse que le bœuf – et qui « s'enfla si bien qu'elle en creva » ?

Péché des péchés, l'orgueil ferme notre cœur, nous boursouffle, nous gonfle artificiellement (mais « gonfle » réellement les autres !). Qui prétendons-nous aimer si nous cherchons à l'écraser ou à le dépasser ? Cultivons l'humilité en restant discrets, en bannissant le « moi, je... », en nous mettant à notre juste place, en servant discrètement, surtout les plus petits, les plus faibles. Bénissons le Seigneur (en silence) pour nos talents et mettons-les au service de tous, sans en rajouter.

Une attitude à gonfler ? L'humilité.

« *Le commencement de tout péché, c'est l'orgueil.* »
Si 10,13

L'amour ne cherche pas son intérêt !

« *Vous avez reçu gratuitement : donnez gratuitement.* »
Mt 10,8

| 22 | Le secret de sainte Élisabeth de la Trinité : « *Je crois que le secret de la paix et du bonheur, c'est de s'oublier, de se désoccuper de soi-même.* »

En quoi chercher son propre intérêt est-il préjudiciable au couple ? Quelles qualités développer, quels petits trucs concrets mettre en œuvre pour progresser dans ce domaine ?

Saint Paul nous invite à aimer avant de chercher à être aimés, à servir plutôt qu'à être servis. L'amour conjugal est un échange de dons, pas un échange commercial ! Il y a réciprocité, certes, mais c'est celle de la gratuité. On (se) donne *sans compter*, au sens propre du terme, sans attendre de retour sur investissement. Ne pas chercher son intérêt, c'est renoncer à utiliser l'autre, sortir de la logique des concessions pour entrer dans celle du don, du sacrifice, c'est vraiment préférer l'autre à soi.

Une attitude à développer ? La gratuité, voire l'esprit de sacrifice.

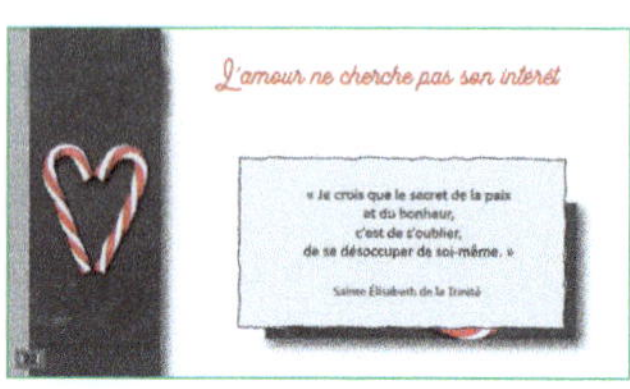

L'amour ne s'emporte pas, n'entretient pas de rancune !

| 23 | L'exhortation de saint Paul : « *Que le soleil ne se couche pas sur votre colère.* » (Ep 4,26)

Est-ce possible ? Comment gérer la colère ? Qu'est-ce qui provoque la colère ? Qu'est-ce qui l'évite ou l'apaise ? Quelle qualité développer pour progresser dans la tempérance ? Quels effets de la rancune sur la relation de couple ? Quelles attitudes nous éloignent du pardon ? Quelles attitudes favorisent le pardon ?

On a beau s'aimer, on ne se comprend pas toujours. Cela peut créer des disputes entre nous et des colères intérieures contre l'autre, parfois profondes.

Nos colères et nos disputes expriment nos besoins, nos fragilités, nos frustrations et nos blessures. Le défi n'est pas de ne jamais être en colère (en soi, c'est une émotion neutre et normale), mais de comprendre ce qu'elle révèle de nous-mêmes et de l'exprimer de manière ajustée. Acceptons de faire face aux conflits, acceptons de parler des sujets qui fâchent en vérité pour régler les difficultés. À chaud, c'est… chaud : reprenons les points de friction lorsque la pression est retombée !

Mal gérée, la colère est dangereuse, elle est susceptible d'entraîner derrière elle toute une série de péchés (d'où son nom de péché capital) (Ep 4,26 : « *Si vous êtes en colère, ne tombez pas dans le péché.* »). L'essentiel se joue dans notre cœur, dans nos « passions » à maîtriser, à canaliser, à exprimer de manière apaisée.

La rancune empoisonne la relation, elle rend amer, revendicatif, elle nous pousse à nous victimiser. L'amour peut tout pardonner. Tout ? Oui, avec la grâce de Dieu, en acceptant que ce soit un long chemin.

Nous reviendrons très longuement sur ce sujet capital lors de la « soirée pardon ». Disons simplement aujourd'hui que le pardon est une ascèse quotidienne et un chemin de sainteté, certains pardons ne sont possibles qu'avec l'aide de Dieu.

« *Mieux vaut un plat de légumes servi avec amour que du veau gras et de la haine.* »
Pr 15,17

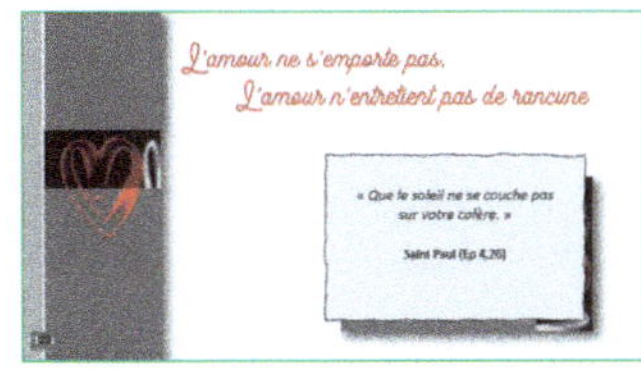

« J'ai toujours pardonné à ceux qui m'ont offensé. Mais j'ai la liste. »
Sempé

L'amour excuse tout !

Doit-on – et peut-on – tout excuser ? Tout justifier ? Y a-t-il des fautes injustifiables, impardonnables ? Cela ne signifie pas que l'amour tolère ou justifie le mal mais qu'il comprend les faiblesses de l'autre, qu'il est mesuré dans ses jugements et qu'il sait faire la part des choses : aimer ce qui est aimable, valoriser ce qui peut l'être sans souligner les pauvretés, les défauts, les limites. La conscience d'être nous-mêmes pécheurs et limités nous aide à rester indulgents avec les autres. Comme nous le rappelle l'Évangile, la mesure que nous employons pour les autres servira à nous juger. Clémence, donc !

Deux attitudes à développer ? La bienveillance, la mansuétude.

L'avis de sainte Thérèse de l'Enfant-Jésus : « *Notre jugement doit être, en toute occasion, favorable au prochain. On doit toujours penser le bien, toujours excuser.* »

« *La mesure que vous utilisez sera utilisée aussi pour vous.* »
Mc 4,24

2. AIMER, C'EST PROGRESSER

Bel idéal… mais est-ce réalisable ? Oui, avec la grâce de Dieu ! Saint Paul nous parle de la « charité », c'est-à-dire de l'amour transfiguré par la présence de Dieu, de l'amour « *fondé sur la foi et modelé par elle* » (Benoît XVI, *Deus caritas est (Dieu est amour),* n° 7), bref de l'amour des époux unis par le sacrement de mariage. La charité n'est ni un amour statique, ni un amour qui s'use avec le temps, mais un amour qui se construit et qui progresse. « ***L'amour est artisanal*** », dit le pape François ! Il doit être patiemment ciselé, constamment remis sur le métier, poli, enrichi, réparé quand il s'ébrèche, pour signifier toujours mieux le grand mystère d'amour qui unit le Christ à l'Église.

Nous nous sentons peut-être un peu loin du compte ? Que cela ne nous décourage pas, mais, au contraire, nous donne des idées (et des ailes) pour progresser… Rien de magique, une fois de plus ! C'est notre volonté de progresser qui, au travers de petits efforts constants, permettra à l'amour de se construire.

Repérons ce qui nous pose le plus de difficultés

Est-ce l'impatience ? L'égoïsme ? La jalousie ? Nous voyons très bien ce qui manque à notre fiancé(e) ! Mais la question est : **Qu'est-ce que je dois faire, moi, pour progresser ?** Nous avons souvent l'impression que, lorsque quelque chose ne va pas dans le couple, c'est la faute de l'autre, c'est à lui de changer ! Il y a effectivement bien quelque chose à changer : notre regard, notre cœur, notre comportement.

Adoptons la politique des petits pas

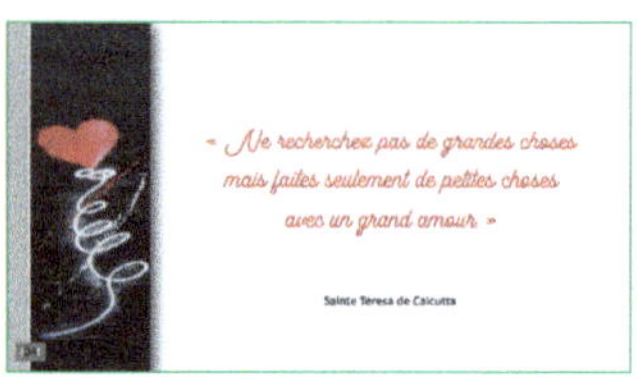

24 **Le conseil de sainte Teresa de Calcutta :** ***« Ne recherchez pas de grandes choses mais faites seulement de petites choses avec un grand amour. »*** On ne peut changer des comportements, des sentiments négatifs qu'en posant, chaque jour, de petits actes concrets qui vont en sens inverse : on guérit de l'égoïsme en posant des actes généreux, du mensonge en s'obligeant à dire la vérité etc. L'hymne à la Charité nous montre que ce sont les vertus mises en pratique qui nous font grandir dans l'amour : lançons-nous de petits défis personnels, donnons-nous des objectifs concrets, aidons-nous mutuellement à les définir et à les tenir. Mille petits pas mènent loin !

Habituons-nous à voir ce qui va bien, à relever le positif, les progrès, les petites victoires. Valorisons tout ce qui l'être, remplaçons le reproche par l'encouragement !

> « Le problème survient lorsque nous exigeons que les relations soient idylliques ou que les personnes soient parfaites, ou bien quand nous nous mettons au centre et espérons que notre seule volonté s'accomplisse. »
>
> Pape François, *Evangelii gaudium* (*La Joie de l'Évangile*), n° 92

Décentrons-nous

Décentrons-nous de notre merveilleux petit nombril pour nous mettre à la place de l'autre, pour essayer de comprendre ce qu'il vit, de voir avec ses yeux, d'entendre avec ses oreilles. De quoi a-t-il besoin ? Demandons-lui ce que nous pourrions changer dans notre comportement, dans notre cœur, pour qu'il soit plus heureux, pour que notre relation soit plus paisible, plus profonde ?

Prenons la mesure du temps et restons fermement ancrés dans l'espérance

La vie à deux nous place face à nos fragilités, nos limites et à notre péché. Nous sommes des pauvres, certes, mais des pauvres « sauvés » et des êtres de progrès ! Inscrivons-nous dans le temps, dans une logique de progression. Il s'agit vraiment d'entrer dans une dynamique de miséricorde, de chutes et de relèvements, qui est aussi un chemin spirituel de dépouillement, d'humilité, de purification de l'amour.

| 25 | L'amour supporte tout, fait confiance en tout, espère tout, endure tout !

Cette logique du « tout », c'est celle du Christ, qui nous pousse à nous dépasser, à ne pas nous contenter de peu, à progresser pour aimer « comme » lui aime. Agrandissons notre cœur, pour devenir des saints ! Pas des gens parfaits mais des saints, c'est-à-dire des pauvres qui, conscients de leurs limites, mettent leurs (petits) pas dans ceux du Christ, leur (petite) main dans celle du Père, en se confiant à l'Esprit Saint, l'amour en personne.

Nous avons toute la vie pour construire notre couple avec la grâce du sacrement de mariage qui nous donne la force nécessaire pour entrer dans cette dynamique du don. Par le sacrement de mariage, l'amour prend une dimension surnaturelle : il puise sa source dans le cœur de Dieu, il nous permet de dépasser nos pauvretés, nos limites, notre péché.

| 26 | Si nous prenons soin l'un de l'autre, si ensemble nous nous appuyons sur le Christ, ***l'amour ne passera jamais !***

5 min de réflexion personnelle

| 27 |

Chacun relit le texte (1 Co 13,1-8) tranquillement et médite 5 min.

En quoi ce texte me touche-t-il ? Que dit-il de notre relation ? Que dit-il de la manière dont je manifeste mon amour à mon (ma) fiancé(e) ? Parmi les points soulevés, quels sont ceux qui, dans mon comportement, sont positifs pour notre relation (patience, esprit de service, confiance en l'autre, capacité de pardon, humilité etc.) ? Qu'est-ce qui, au contraire, fragilise notre amour (colère, impulsivité, orgueil, rancune, égoïsme, impatience, jalousie, envie etc.) ? De quoi mon (ma) fiancé(e) a-t-il (elle) besoin ? Quel point de progrès puis-je me fixer aujourd'hui ?

5 min de réflexion en couple

En lui tenant la main, la fiancée lit à son fiancé un verset qui lui « parle » particulièrement puis partage avec lui le fruit de ses réflexions, avec le plus de franchise possible et en toute bienveillance (2 min). Puis c'est au fiancé de parler (2 min) (il livre le fruit de ses cogitations sans réagir à ce que sa fiancée vient de dire). Il ne s'agit pas d'un dialogue (celui-ci aura lieu plus tard, lorsque les fiancés le souhaiteront), mais de donner à chacun un espace de parole absolument libre : celui qui écoute… écoute (sans interrompre) !

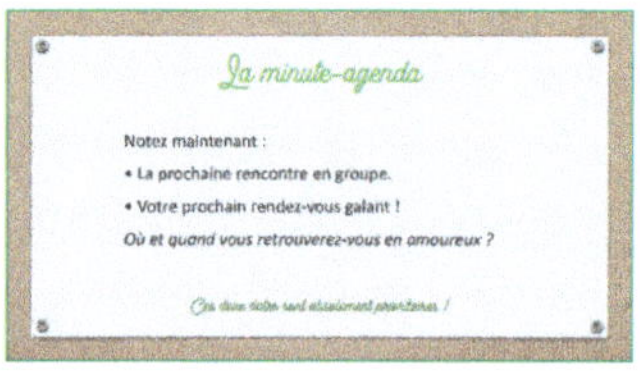

| 28 | *La minute-agenda*

Notez maintenant :

- La date de la prochaine rencontre en groupe.
- Votre prochain rendez-vous galant ! *Où et quand vous retrouverez-vous en amoureux pour approfondir ce qui a été vu aujourd'hui ?*

| 29 | *Livret des fiancés*

Insistons sur l'importance des temps de dialogue et de réflexion proposés dans le *Livret des fiancés*.

Temps de prière

Prier ensemble la Vierge Marie

De l'Évangile selon saint Jean (Jn 2,1-11)

La mère de Jésus lui dit : « Ils n'ont pas de vin. » Jésus lui répond : « Femme, que me veux-tu ? Mon heure n'est pas encore venue. » Sa mère dit à ceux qui servaient : « Tout ce qu'il vous dira, faites-le. »

Prier avec Marie

À Cana, Jésus accompagne Marie, sa mère.
Marie a été préservée du péché pour donner naissance au Fils de Dieu qui se fait homme.
Très aimée des chrétiens, la Mère de Jésus est aussi leur Mère.
À Cana, c'est elle qui signale à Jésus qu'il n'y a plus de vin, elle encore qui commande aux serviteurs de faire « tout ce qu'il dira ». Aujourd'hui encore, elle « intercède » pour nous : elle présente nos demandes, nos besoins à Jésus, elle prie pour nous.
Quant à nous, elle nous recommande de « faire tout ce qu'il dira », c'est-à-dire, finalement, à nous aimer les uns les autres « comme » lui nous aime.

N'hésitons pas à nous confier à Marie, elle nous confiera à son Fils…

À votre mariage, il viendra avec sa mère, sans aucun doute !

| 30 | Je vous salue, Marie,
comblée de grâce,
le Seigneur est avec vous,
vous êtes bénie entre toutes les femmes
et Jésus, votre enfant, est béni.
Sainte Marie, Mère de Dieu,
priez pour nous, pauvres pécheurs,
maintenant, et à l'heure de notre mort.
Amen.

« S'il est une chose que nous pouvons apprendre de la Vierge Marie, c'est bien sa tendresse. Marie, à Cana, n'a pas fait autre chose que de veiller aux nécessités des autres et de les faire connaître à Jésus. Va et sers sans tarder comme Marie. »
Sainte Teresa de Calcutta

« Cherches-tu le chemin qui mène à Dieu ? Passe par Marie. Elle est le chemin que Dieu a emprunté pour venir à nous. »
Saint Bernard

Notes

MODULE 5

Aimer, c'est s'engager

Consacrée aux quatre piliers du mariage, cette rencontre aborde ce qui est au cœur du discernement. **L'adhésion pleine et volontaire à ces quatre piliers conditionne la validité du sacrement.** Il nous faut donc être particulièrement attentifs à ce que les fiancés en aient compris les implications et soient disposés à en vivre les exigences. La lettre d'intention que chacun va ensuite rédiger constitue une étape importante dans son cheminement vers le mariage.

Cette rencontre est divisée en deux grandes séquences d'environ une heure, suivies d'une troisième de 15 min environ. N'oublions pas de **faire vivre notre propos** en témoignant de ce que nous vivons, en donnant des exemples. Nous allons soulever des questions délicates et peut-être toucher des points particulièrement sensibles pour certains couples. Rappelons-nous l'invitation du pape François à « mettre nos pas dans ceux du Christ » en proposant « un idéal exigeant » tout en étant « un signe de miséricorde et de proximité » (Pape François, *Amoris laetitia* (*La Joie de l'amour*), n° 5 et 38) par une bienveillance et une délicatesse à toute épreuve.

Besoin d'une vidéo ?

http://jesusbox.fr/mariage

LE PROGRAMME...

1. Liberté, indissolubilité, fidélité
2. Fécondité
3. La lettre d'intention

En guise d'introduction…

La dernière fois, nous avons parlé du sacrement de mariage, signe visible de la tendresse de Dieu. **Signe efficace dans la mesure où nous y coopérons,** dans la mesure où « *nous travaillons avec Dieu qui travaille* ».

1 et **2** Le « oui » que les fiancés vont échanger au moment du mariage comprend quatre éléments essentiels, généralement appelés quatre piliers du mariage, qui sont un peu comme les quatre pieds d'une **chaise**.

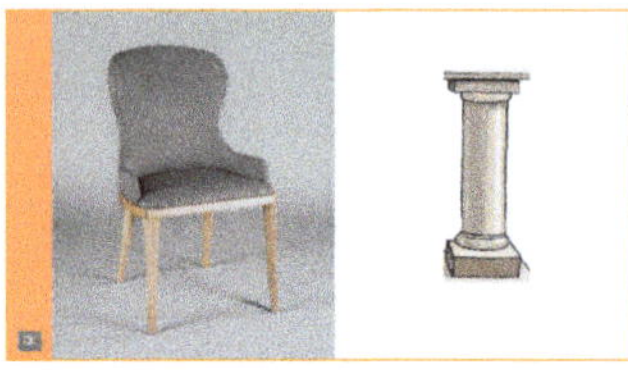

3 Par définition, un **pilier** est quelque chose de solide, de stable sur lequel on peut s'appuyer sans crainte – pilier d'église, pile de pont, pilier de rugby ou pilier de bar, aucun doute, c'est costaud.

Ainsi en est-il des piliers du mariage, qui sont d'une extrême importance. **Si l'Église constate que, dans le « oui » des fiancés, il manque l'un de ces quatre éléments essentiels,** elle ne peut pas célébrer le mariage, car ce serait faire prendre aux fiancés un engagement pour lequel ils ne sont pas d'accord ou pas prêts. Le mariage chrétien est fondé sur un amour humain, qui doit répondre à certaines conditions : pour recevoir le sacrement de mariage, les fiancés doivent s'engager :

- **4** librement (**liberté**)
- **5** pour toujours (**indissolubilité**)
- **6** dans la fidélité l'un à l'autre (**fidélité**)
- **7** et pour donner la vie à des enfants (**fécondité**)

Ils s'y engagent publiquement le jour du mariage, mais aussi par écrit – par ce que l'on appelle « lettre d'intention ».

8 Sciez un pied de la chaise puis asseyez-vous : vous constaterez que c'est dangereux ! Dangereux également de se marier si les quatre piliers du mariage ne sont pas solidement construits. Nous allons aujourd'hui tester la stabilité de notre chaise…

L'Église ne juge pas les cœurs mais vérifie que le « oui » des futurs époux est un vrai « oui », que leur consentement est libre, total et authentique. Le prêtre s'en assure lors de la célébration du mariage, dans le *dialogue initial*, en posant les quatre questions suivantes aux futurs époux qui répondent séparément. Leur « oui » est déterminant.

- **9** *Vous allez vous engager l'un envers l'autre dans le mariage. Est-ce* ***librement et sans contrainte*** *?* (**Liberté**)
- **10** *En vous engageant dans la voie du mariage, vous vous promettez amour mutuel et respect. Est-ce* ***pour toute votre vie*** *?* (**Indissolubilité**)
- **11** *En vous engageant dans la voie du mariage, vous vous promettez* ***amour mutuel et respect****. Est-ce pour toute votre vie ?* (**Fidélité**)
- **12** *Êtes-vous prêts à* ***accueillir les enfants*** *que Dieu vous donne et* ***à les éduquer selon l'Évangile*** *du Christ et dans la foi de l'Église ?* (**Fécondité**)
- **13** *Êtes-vous disposés à* ***assumer ensemble votre mission de chrétiens*** *dans le monde et dans l'Église ?* (**Vie chrétienne** : c'est le cinquième pied de la chaise – mais pas la dernière roue du carrosse…)

SÉQUENCE 1

Liberté, indissolubilité, fidélité

Notre objectif

Éclairer le discernement des fiancés en leur présentant clairement les implications de leur engagement dans le sacrement du mariage.

> « Aimer exige que l'on soit libre : il ne peut y avoir d'amour, là où il n'y a pas de liberté. »
> Abbé Pierre

1. LIBERTÉ

14 **« Vous allez vous engager l'un envers l'autre dans le mariage. Est-ce *librement* et *sans contrainte* ? »**

Librement

Être libre, ce n'est pas faire ce que je veux quand je veux, mais **vouloir ce que je fais et m'y tenir.** ***Je suis pleinement libre quand je choisis le bien, quand j'en fais un choix réfléchi et que j'en assume les conséquences.*** *Je suis libre quand je choisis* une femme/un homme pour l'aimer toute ma vie. Se marier est une décision de l'intelligence et de la volonté qui accompagne un élan du cœur. La liberté s'exerce vraiment dans l'engagement.

Librement, cela suppose **une réelle maturité** : être autonome, être capable de faire des choix adultes et de les assumer, de prendre en charge un conjoint et une famille, de faire face aux difficultés, etc.

Librement, cela suppose **d'accepter pleinement les « à-côtés »** ! Belle-famille, profession, amis, etc.

Librement, cela suppose aussi d'être **en vérité l'un avec l'autre**, pour savoir à quoi on s'engage et avec qui. Cela suppose de bien se connaître, d'échanger sur les sujets essentiels, de connaître la personnalité, l'histoire personnelle et familiale de l'autre, etc. La liberté ne peut pas faire l'économie de la vérité. Cacher à son(a) fiancé(e) une histoire d'amour importante, un déséquilibre ou une maladie grave, des actes de délinquance ou des actes criminels, une tendance à la violence, un avortement, un enfant né d'une autre union, etc. entraveraient gravement sa liberté et fragiliseraient le mariage à sa racine.

Sans contrainte

Les fiancés ne doivent subir ***aucune pression extérieure***, qu'elle soit sociale, familiale ou même amoureuse. Se marier doit être la réponse à un désir personnel profond : on ne se marie pas pour faire plaisir à sa grand-mère, ni pour obéir à ses parents, ni parce que l'amoureux(se) l'exige, ni pour « régulariser » parce qu'on attend un enfant, etc. Un mariage forcé est invalide.

2 min de réflexion personnelle

15 ***Est-ce que je me sens libre de ma décision ? Si tel n'est pas le cas, qu'est-ce qui limite ma liberté ? Suis-je encore libre de dire « non » ? Quelles en seraient les conséquences ?***
Ai-je caché à mon (ma) fiancé(e) une relation amoureuse importante, un enfant, un déséquilibre grave, un acte criminel, une tendance à la violence, une maladie ? Ai-je l'impression qu'il (elle) me cache quelque chose d'important ?

« L'amour vise à l'éternité. »

Benoît XVI, *Deus caritas est* (*Dieu est amour*)

2. INDISSOLUBILITÉ

16 ***« En vous engageant dans la voie du mariage, vous vous promettez amour mutuel et respect. Est-ce pour toute votre vie ? »*** Les couples qui s'aiment depuis vingt, trente, cinquante ans, nous touchent profondément. N'est-ce pas l'idéal qui nous habite ? **Créés à l'image de Dieu, nous sommes faits pour aimer et nous donner pour toujours.** Le mariage chrétien ne peut être rompu, car le don suppose, par sa nature même, d'être sans retour : on ne peut se donner à moitié ni pour un temps, prendre son conjoint en *leasing* pour le rendre au concessionnaire quand il a un peu vieilli ! **L'amour ne « s'essaie » pas, il se donne**. Par le sacrement de mariage, chacun va devenir la « moitié » de l'autre (pas son banquier, son gouvernement ou son aide ménagère) : comme avec de la *Super Glue*, si on tente de séparer les moitiés, on arrache tout.

17 ***« Ce que Dieu a uni, que l'homme ne le sépare pas ! »*** **(Mt 19,6)** En rappelant que, « aux origines » (c'est-à-dire dans le projet de Dieu), l'union de l'homme et de la femme est définitive, le Christ restaure le mariage dans sa grandeur première (Mc 10,6-9).

Dieu s'engage avec nous : le mariage ne peut être rompu, car Dieu scelle notre amour dans le sien pour toujours. Dieu ne fait pas dans le jetable ! Le mariage est profondément écologique : l'amour durable fonctionne avec de l'énergie renouvelable (le don de soi), solaire (le don de Dieu) et éolienne (le vent de l'Esprit Saint).

« Pour toujours », est-ce possible ? Oui, beaucoup le vivent, leur amour ne s'étiole pas, au contraire. Miracle ? Non, choix assumé ! ***Pour aimer, il faut vouloir aimer. Pour durer, il faut vouloir durer.***

«

Mais, au commencement de la création, Dieu les fit homme et femme. À cause de cela, l'homme quittera son père et sa mère, il s'attachera à sa femme, et tous les deux deviendront une seule chair. Ainsi, ils ne seront plus deux, mais une seule chair. Donc, ce que Dieu a uni, que l'homme ne le sépare pas !

Mc 10,6-9

18 ***« L'amour durable n'est pas l'amour qui se maintient mais l'amour qui grandit avec le temps, car l'amour grandit ou meurt. »*** **(Jacques de Bourbon-Busset)** La durée est possible lorsque la volonté s'engage jour après jour, dans une dynamique de croissance. Cela suppose que l'on en prenne les moyens, que l'on dialogue, que l'on s'écoute, que l'on s'occupe de l'autre, que l'on réponde à ses besoins, qu'on lui manifeste notre amour de mille manières très concrètes, bref que l'on se démène et que l'on soit inventif !

19 ***« Aimer, ce n'est pas se regarder l'un l'autre, c'est regarder ensemble dans la même direction. »*** **(Antoine de Saint-Exupéry)** L'amour qui dure est aussi celui qui voit haut, large et loin. Le mariage n'est pas un égoïsme à deux, une jolie bulle étroite, mais une ouverture sur les autres, sur la vie, sur l'avenir. Les époux qui « durent » sont ceux qui ont des rêves et des projets, ceux qui se projettent dans l'avenir, qui ne s'installent pas dans leur confort, entre le chien et la cheminée.

2 min de réflexion personnelle...

... ou de partage en couple

20 ***« Pour toujours » : qu'est-ce que cela nous inspire ? De la joie, de l'angoisse, de l'indifférence ? Est-ce vraiment ce que nous voulons vivre ? Quels moyens mettre en œuvre pour que la durée n'use pas notre amour, mais l'approfondisse ? Certains couples « durables » sont-ils des exemples pour nous ? Comment ont-ils réussi à tenir dans la durée ? Autour de nous, certains couples sont séparés : que s'est-il passé ?***

3. Fidélité

21 ***« En vous engageant dans la voie du mariage, vous vous promettez amour mutuel et respect. Est-ce pour toute votre vie ? »***

Bernard Shaw (1856-1950), dramaturge irlandais un brin provocateur, prétendait, paraît-il, que « *la fidélité n'est pas plus naturelle à l'homme que la cage au tigre !* » Faux ! La fidélité est naturelle à **l'homme**, parce qu'il **est à l'image du Dieu fidèle.** Dieu est fidèle, car il est amour : il n'y a pas d'amour vrai qui soit infidèle ou passager. **Indissolubilité et fidélité sont intimement liées.** Si, dans le sacrement de mariage, le Dieu fidèle s'engage à nos côtés, c'est pour en assumer avec nous les exigences et nous aider à en vivre pleinement les splendeurs.

22 **L'alliance** que nous portons à la main gauche, « signe de notre amour et de notre fidélité », nous rappelle que notre fidélité, de l'un vis-à-vis de l'autre, est un reflet et un témoignage de la fidélité de Dieu à notre égard. Notre fidélité mutuelle est ancrée dans la fidélité de Dieu.

23 ***« L'homme quittera son père et sa mère et il s'attachera à sa femme, et tous deux ne feront plus qu'un. »*** **(Gn 2,24)** Elle est une décision de l'intelligence et un acte de la volonté. « *L'amour est une décision. Que votre fidélité soit une décision, et non une habitude.* » (Père André Manaranche).

La fidélité revêt différents aspects :

- ***Fidélité dans la durée.*** Être fidèle, c'est choisir de dire « oui » chaque jour. Le mariage n'est jamais quelque chose d'achevé, il se construit peu à peu. Être fidèle « dans le bonheur comme dans les épreuves », c'est s'engager à grandir dans l'amour, à renoncer à soi-même pour s'ouvrir toujours plus au don qui nous est fait et se donner toujours mieux. La fidélité s'incarne dans la qualité de notre présence, de nos paroles et de nos silences, de notre sourire, de notre regard ; dans les services rendus, les petites attentions, les gestes de tendresse, les pardons échangés. Deux vertus à développer ? **La persévérance**, pour vivre la durée en cherchant constamment le bien du couple et du conjoint, et **la force** pour traverser les difficultés.

24 ***« Ne vous imaginez pas que l'amour, pour être vrai, doit être extraordinaire. En vérité, ce dont on a besoin, c'est de continuer à aimer. »*** **(Sainte Teresa de Calcutta)**

- ***Fidélité dans l'exclusivité.*** Choisir un homme, une femme pour la vie, c'est renoncer à tous les autres. Loin de la logique multirécidiviste des « fidélités successives » faciles et décevantes, les époux qui s'engagent devant Dieu choisissent un chemin de bonheur durable, grand et vrai.

  Véritable défi pour certains, la garde du regard est particulièrement importante. Le regard exprime ce qui est dans le cœur, il en manifeste la concupiscence (désir d'instrumentaliser l'autre pour satisfaire ses propres passions) ou la pureté (capacité à voir l'autre dans sa beauté sans vouloir se l'approprier).

  Trois vertus à exercer pour les fortifier ?

  – **La prudence,** pour ne pas s'exposer à la tentation. Cela va de pair avec la lucidité, pour connaître ses limites, repérer les infidélités existantes ou en germe.

> « *Vous avez appris qu'il a été dit : "Tu ne commettras pas d'adultère". Eh bien ! moi je vous dis : tout homme qui regarde une femme avec convoitise a déjà commis l'adultère avec elle dans son cœur.* »
> Mt 5,27-28

– **La force** pour résister aux infidélités potentielles : renoncer à boire un verre avec un(e) collègue qui nous plaît, à rechercher un(e) « ex » sur Internet, etc.

– **La tempérance** qui assure la maîtrise de soi.

- ***Fidélité dans la priorité.*** Nous sommes infidèles lorsque nous menons notre vie sans tenir compte de notre conjoint, lorsque nous reléguons notre couple au second plan. Il y a les adultères de la chasse, de la politique, de l'ordinateur, du travail…

| 25 | ***« Que fidélité et loyauté ne te quittent pas, attache-les à ton cou, écris-les sur les tablettes de ton cœur ! » (Pr 3,3)*** Que de « petites » infidélités naissent de notre indifférence ou de notre égoïsme ! Une qualité à développer ? **La justice** pour garder une bonne hiérarchie des priorités et donner à son conjoint ce qui lui est dû.

- ***Fidélité dans le don de soi.*** On peut être adultère avec sa propre femme, son propre mari, quand le don du corps n'est plus ordonné à la communion des personnes mais à la captation, à la domination de l'un sur l'autre et à la jouissance égoïste. On est adultère à partir du moment où la volonté de posséder l'autre ou de l'utiliser prend le pas sur le don de soi. Une vertu à développer ? **La chasteté,** qui n'est pas l'abstinence mais la capacité de s'aimer « dans le respect et la sainteté ».

- ***Fidélité vis-à-vis du Seigneur.*** Le dialogue initial, juste avant l'échange des consentements, se termine par la question suivante :

  | 26 | ***« Êtes-vous disposés à assumer ensemble votre mission de chrétiens dans le monde et dans l'Église ? »*** En nous mariant à l'église, nous nous engageons à mener une vie chrétienne dans le mariage (cf. Module 7) : mener une vie de prière régulière, se rapprocher des sacrements, garder dans son cœur et sa mémoire le projet de Dieu, etc.

2 min de réflexion personnelle…

| 27 | ***Quel type de fidélité me semble plus évident ? Quel type de fidélité me semble plus difficile ? Ai-je déjà été infidèle à mon (ma) fiancé(e) ? Y a-t-il, dans ma vie, des infidélités potentielles ? Lesquelles ? Quels moyens vais-je prendre pour les combattre ?***

Temps de partage…

… Hommes et femmes séparés

| 28 | *Commençons par un tour de table : chacun exprime, à tour de rôle, ce qu'il a retenu, ce qui lui a plu, ce qui l'a étonné, choqué, etc. Ce partage doit être très libre, l'animateur reprend, une fois que tout le monde s'est exprimé, les points qui ont émergé pour pousser la discussion un peu plus loin.*

Séquence 2

Fécondité

« *Ne le savez-vous pas ? Votre corps est un sanctuaire de l'Esprit Saint, lui qui est en vous et que vous avez reçu de Dieu : vous ne vous appartenez plus à vous-mêmes, car vous avez été achetés à grand prix. Rendez donc gloire à Dieu dans votre corps.* »
1 Co 6,19-20

1. Faire une seule chair

Dans le jardin d'Éden, Adam et Ève sont nus et n'en ont pas honte. Ils portent sur leur propre corps comme sur celui de l'autre un regard pur et émerveillé. Leur premier réflexe, après la chute, est de se vêtir de feuilles de figuier. Ils ont subitement honte de leur corps, ils ont peur aussi du regard de l'autre qui risque de le juger, l'évaluer, l'instrumentaliser.

Notre corps est sacré !

| 29 | ***Notre corps est sacré !*** Corps, âme, esprit, nous sommes en 3D : trois dimensions complémentaires qui doivent vivre en équilibre les unes avec les autres, chacune à sa juste place. Le corps est un élément constitutif de la personne, de son identité : « *mon corps, c'est moi.* » C'est lui qui nous permet d'agir : ce que nous vivons dans notre corps engage toute notre personne. Seule la personne unifiée, et consciente de la grandeur et de la dignité de son corps est « bien dans sa peau ». Pas facile de bien se situer vis-à-vis du corps et de lui accorder une juste place ! Ni maître, ni esclave, libre des diktats (poids et mesures…), traité avec respect sans être idolâtré, préservé des regards et dévoilé avec amour au seul conjoint, protégé, soigné, il dit quelque chose de ce que je suis. La **pudeur** (qui n'est pas la pudibonderie) est une approche ajustée du corps (ni gommé, ni exposé). La première condition d'une sexualité épanouie, c'est d'être bien dans sa peau, d'aimer son corps, de lui accorder une juste place et d'en prendre soin.

Notre corps est aussi, nous dit saint Paul, « *temple de l'Esprit* » : il est sacré, car Dieu y fait sa demeure. Jésus n'a pas sauvé que notre âme, il sauve aussi notre corps, également promis à la résurrection. Conscients de sa dignité, nous pouvons aimer notre corps et celui de notre conjoint tels qu'ils sont (même abîmés par le temps, la maladie, etc.), les traiter avec le respect qui leur est dû, sans les instrumentaliser.

L'union conjugale est sacrée !

| 30 | ***L'union conjugale est sacrée !*** L'Église est-elle contre le sexe ? Et Dieu, qu'en pense-t-il ? Aurait-il dit : « *ils ne feront plus qu'un… multipliez-vous* » si l'union sexuelle n'était pleinement dans son projet ?! La célébration du mariage ne se termine pas à la sortie de l'église mais dans le lit conjugal. Pourquoi ? Parce qu'elle scelle le don total des époux, l'**union conjugale est essentielle pour l'accomplissement du mariage**. Comme l'État, l'Église proscrit les mariages blancs : le don mutuel des corps construit le couple, manifeste la tendresse des époux et leur **permet de donner la vie**.

Avec saint Jean-Paul II, l'Église l'affirme : lorsqu'ils ne font plus qu'un physiquement, les époux restituent fidèlement l'image de Dieu et vivent une communion qui fait d'eux « *une vivante icône de la Trinité* ». **L'union conjugale**

Un exemple ?
Réécoutez
Confidence pour confidence
de Jean Schultheis.

« Je me fous,
fous de vous
Vous m'aimez
mais pas moi [...]
Moi, j'aime sans
sentiment
Et n'oubliez pas
que je joue
contre vous [...]
Moi, je vous veux pour moi
et pas pour vous...
Confidence pour
confidence,
c'est moi que j'aime
à travers vous [...] »

vécue avec amour et respect est donc sacrée au sens propre du terme, aussi l'Église défend-elle vigoureusement le respect dû au corps et la grandeur de la relation conjugale : celle-ci ne peut être bradée, ni abîmée !

Les époux sont appelés à la **vivre dans la chasteté.** Bizarre ? Non, car la chasteté n'est pas l'abstinence de relations sexuelles, mais le fait de les vivre dans le respect et la sainteté, c'est-à-dire d'un commun accord, avec tendresse, en cherchant à se donner avec un amour toujours plus grand. Vivre dans son corps ce que l'on porte dans son cœur est source d'un bonheur profond, d'une joie durable.

On nous parle beaucoup de sexe (sous le leitmotiv enchanteur : « *fais-toi plaisir, mais n'oublie pas de mettre un préservatif* »), mais pas ou peu de sexualité. Hypersensuelle (pas moyen de vendre une voiture sans asseoir une créature de rêve sur le capot), la culture actuelle promeut une sexualité de l'éphémère, du « ludique » et du plaisir sans amour. On ne donne rien, on consomme du sexe comme de l'alcool, pour la sensation, pour l'ivresse – et on finit souvent avec une phénoménale gueule de bois... Pourquoi ? Parce que, si le plaisir est une (excellente) conséquence de l'union, il n'en est pas la cause. Lorsque l'on confond cause et conséquence, on vit de grosses déceptions.

Autres caricatures du sexe sans amour, sans joie, sans avenir, la **pornographie** pollue l'imaginaire, instrumentalise les personnes et provoque, à terme, une perte du désir. L'addiction à la pornographie est un mal réel pour la personne comme pour le couple, il est nécessaire de se faire aider et de prendre des moyens concrets pour en sortir. Une personne ou un couple qui a besoin de pornographie pour s'unir est en danger, c'est le signe que sa sexualité ne sait plus s'exprimer. Quant aux pratiques échangistes, est-il nécessaire de dire qu'elles provoquent la destruction garantie du couple ?

Notre plaisir est sacré !

| 31 | *Notre plaisir est sacré !* Fruit exquis du don mutuel, le plaisir exprime la joie surabondante de l'amour partagé et la réalité de la communion des époux. Vécu dans la chasteté (dans une optique de don et de communion, et non de possession)**, le plaisir construit et unit le couple.**

Dans les romans et les films d'amour, l'étreinte est toujours passionnée et le plaisir, intense. Dans nos vies, c'est souvent plus compliqué ! **La relation sexuelle est le reflet de ce que nous vivons sur le plan affectif.** Ce n'est pas si simple de ne faire qu'une seule chair, il faut d'abord ne faire qu'un seul cœur : la vie intime d'un couple se construit doucement, elle suit les hauts et bas affectifs des époux. Le toucher, sens de l'intime, nécessite une immense délicatesse : le corps, l'âme et l'esprit en gardent mémoire. Le toucher, et donc la relation sexuelle, peuvent être le lieu de grandes blessures. Patience, tendresse et délicatesse : le dialogue des corps demande un dialogue des cœurs mais aussi un dialogue en mots. Oser exprimer ce qui nous comble et ce qui nous blesse, pour mieux s'adapter l'un à l'autre, est un exercice difficile mais nécessaire, qui suppose une grande confiance mutuelle.

2. DONNER LA VIE

32 *« Êtes-vous prêts à accueillir les enfants que Dieu vous donne et à les éduquer selon l'Évangile du Christ et dans la foi de l'Église ? »*

La vie est sacrée

33 *La vie est sacrée !* Se donner dans la délicatesse et la tendresse est un bonheur qui ouvre à un autre bonheur : celui de donner la vie. **Le don de la vie accomplit pleinement le don mutuel des époux**. « Couronnement » de l'amour conjugal, l'enfant est le « don le plus excellent » du mariage (*Catéchisme de l'Église catholique,* n° 1652). Être parents est une œuvre à la fois naturelle – l'enfant est le fruit de l'amour humain – et surnaturelle puisqu'il est aussi le fruit d'une collaboration entre l'homme et Dieu : cocréateurs, les époux participent à la paternité de Dieu et collaborent à son dessein d'amour pour, comme disent joliment nos frères juifs, « multiplier dans le monde l'image de Dieu ». Toute vie est donc sacrée, de ses tout premiers instants à sa fin naturelle.

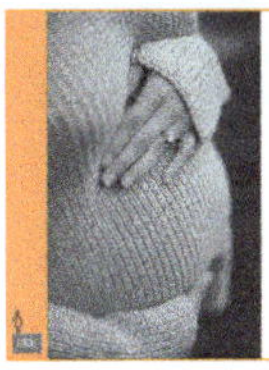

La vie est sacrée !

L'enfant nous est confié comme un don. Il n'est ni un dû, ni un droit, ni un accident. Il doit être infiniment respecté dès les tout premiers instants de sa vie.

- Si le Christ est présent au cœur de notre couple, cela suppose que nous fassions **des choix cohérents avec l'Évangile.** Face à une grossesse non désirée, à une incertitude concernant le handicap possible ou la santé d'un bébé à naître, **le choix de la vie et de l'espérance** est un choix difficile mais le seul digne de notre humanité. Créé par Dieu, tout homme, aussi petit et fragile soit-il, est à son image ; toute vie humaine est sacrée, c'est un bien inviolable qui appartient à Dieu. Défendre la vie de ses tout premiers instants à sa fin naturelle est une évidence pour les chrétiens. **L'avortement** blesse très profondément le couple et chacun des époux, notamment la femme qui porte la vie en son sein et a une conscience toute spéciale du sens de la vie. Notre société tente d'en faire un acte banal – certains parlent même d'un « soin » – mais la réalité est tout autre : supprimer une vie humaine meurtrit vivement toutes les personnes concernées.
- **Certains couples ne peuvent pas donner la vie.** C'est une grande souffrance. La manière dont la société aborde cette question peut nous donner l'impression que le recours à la PMA (voire à la GPA), n'est qu'une affaire technique qui ne soulève aucun problème éthique, physiologique ou psychologique. Faux. Le légitime désir d'avoir des enfants ne justifie pas tous les moyens. La science ne peut disposer à son gré du trésor sacré qu'est la vie humaine. Celle-ci ne se prête pas à n'importe quelle expérience. Il est bon, par ailleurs, de savoir que la NaProTechnologie apporte une aide médicale efficace pour favoriser la conception naturelle.

Soyons TOUJOURS sûrs d'une chose : Dieu est là, au cœur de l'épreuve, il ne nous abandonne pas. Dieu nous aime, sa miséricorde est infinie. Près de lui se trouve toute consolation.

Paternité et maternité responsables

34 ***« Soyez féconds et multipliez-vous, remplissez la terre et soumettez-la. »* (Gn 1,28)**

Combien d'enfants voulons-nous ? Le critère n'est pas d'abord matériel (on en veut deux, une fille et un garçon, parce que ça tient dans la voiture avec le chien) mais lié à l'ouverture du cœur et aux possibilités humaines (santé, affectivité, etc.) de chaque couple. Dieu nous invite à être **responsables et généreux.**

« *Multipliez-vous* », c'est bien, mais nous ne pouvons pas forcément accueillir douze enfants ! **La régulation des naissances** est une responsabilité que l'on porte à deux. La majorité des couples utilisent des méthodes contraceptives non naturelles, sans en connaître le principe de fonctionnement ni les effets secondaires sur la santé, le retentissement psychologique, le désir, etc. Dites « contraceptives » quand elles sont aussi souvent abortives, ces méthodes posent de vrais problèmes éthiques. L'écologie commence enfin à révolutionner ce domaine – il était temps ! Les **méthodes naturelles,** pleinement au service d'une authentique **écologie humaine,** sont respectueuses du corps, du rythme et de la santé physique et affective du couple et de son ouverture à la vie. Ces méthodes supposent un certain apprentissage et donc un accompagnement, mais quel chemin d'amour pour les époux !

La préparation au sacrement de mariage n'est pas le lieu pour un apprentissage complet des méthodes naturelles. Nous pouvons, en revanche, proposer une soirée de formation dédiée à ce sujet, animée par des spécialistes. Constituons-nous un carnet d'adresses, à proposer aux couples désireux de mieux connaître ces belles méthodes. Donner un lien vers un site Internet est une première approche informative, mais seule la relation interpersonnelle pourra aider les couples à les découvrir et à les mettre en œuvre.

Donner la vie, c'est aussi éduquer

35 **Éduquer.** Faire de nos petits Vikings des enfants civilisés, intégrés socialement, développés physiquement et intellectuellement, stables affectivement, nourris spirituellement, capables de discerner le bien du mal et de préférer le bien, aptes à se donner, à contribuer au bien commun… tout un programme ! En recevant le sacrement du mariage, nous nous engageons à élever nos enfants de manière à développer tous les talents que le Seigneur a déposés en eux.

Il nous revient d'éduquer nos petits barbares, mais aussi de les « élever », c'est-à-dire de leur transmettre la foi qui nous anime. Se marier à l'église, c'est fonder un foyer chrétien – et cela n'est pas neutre. En recevant le sacrement de mariage, nous nous engageons à faire baptiser nos enfants et à les « élever » dans la foi. Qui d'entre nous oserait dire : « *je nourrirai mon enfant quand il saura tenir sa cuiller tout seul et choisir son menu* » ? ! Ou : « *Je ne mettrai mon enfant à l'école que s'il en a envie* » ? ! Ce serait de la maltraitance à l'état pur ! Il en est de même pour la foi. Impossible de dire : « *Je ne donnerai aucun point de repère spirituel à mon enfant pour qu'il puisse choisir tout seul quand il sera grand.* » Quel choix aura-t-il à part le néant ? Nourrir la dimension spirituelle de l'enfant est un devoir aussi essentiel que nourrir son corps. À nous de lui faire rencontrer Jésus, de l'inscrire au catéchisme, de l'accompagner pour qu'il reçoive les sacrements. Ayant reçu le nécessaire, il aura la capacité de choisir librement le moment venu.

Donner la vie, c'est aussi rayonner

36 **Rayonner.** La fécondité du mariage chrétien se mesure aussi à **l'amour partagé**. Le mariage est ouverture, dynamisme, hospitalité, amitié. Un couple qui s'aime porte du fruit, ne serait-ce qu'en semant son bonheur derrière lui. Le couple chrétien a la même mission que les abeilles : il transporte le pollen de l'amour de Dieu là où il va. Par ailleurs, le couple chrétien a un rôle important à jouer dans la société, pour la rendre plus belle, plus fraternelle, plus juste, bref meilleure. S'engager dans le monde, au service des autres, de manière gratuite, est un aspect important de la fécondité du couple.

Rayonnez !

Temps de partage...

... Hommes et femmes séparés

37 *Commençons par un tour de table : chacun exprime, à tour de rôle, ce qu'il a retenu, ce qui lui a plu, ce qui l'a étonné, choqué, etc. Ce partage doit être très libre, l'animateur reprend, une fois que tout le monde s'est exprimé, les points qui ont émergé pour pousser la discussion un peu plus loin.*

SÉQUENCE 3

La lettre d'intention

| 38 | *La rédaction de la* ***lettre d'intention*** *est un tournant dans le parcours des fiancés vers le mariage.*

L'Église s'adresse à deux libertés : elle veut savoir si les fiancés s'engagent librement, consciemment, s'ils désirent s'aimer pour toujours, demeurer fidèle l'un à l'autre envers et contre tout et engager des enfants dans leur bonheur.

Chacun va rédiger une lettre d'intention qu'il remettra au prêtre ou au diacre qui accompagne le couple. Veillons à donner à chacun un modèle adapté à sa situation (tous deux sont baptisés ; un l'est, l'autre pas, etc.). Même si nous leur faisons signer une déclaration « en prêt-à-porter » comportant toutes les mentions requises, demandons également aux fiancés de rédiger une lettre manuscrite (écrite tranquillement chez eux) qui leur permettra de relire ce qu'ils ont vécu pendant ce temps de préparation au mariage, de réfléchir à ce qu'ils veulent construire et de mieux percevoir le poids de l'engagement qu'ils prennent.

Chaque fiancé rédigera sa lettre à la main, en mentionnant son nom, celui de son(a) fiancé(e), datera et signera de manière claire. Proposons aux couples de garder une copie de leur lettre d'intention, à relire de temps en temps, quand le temps est à l'orage ou à l'occasion de leur anniversaire de mariage.

| 39 | *Cette lettre n'a pas besoin d'être très longue, mais elle doit dire clairement :*

- *que le signataire s'engage* ***librement*** *et sans aucune contrainte*
- *qu'il s'engage* ***pour toute la vie***
- *qu'il s'engage à être* ***fidèle***
- *qu'il veut des* ***enfants*** *et qu'il les élèvera dans la foi.*

Il peut être bon de mentionner les enfants existants s'il y en a, qu'ils soient nés du couple qui se prépare à convoler ou d'une relation précédente, en s'engageant à les accueillir et les élever avec bienveillance.

Si les deux fiancés sont baptisés, ils s'engagent à faire baptiser leurs enfants et à les élever dans la foi. Si l'un des deux seulement est baptisé, il pourra mentionner avoir conscience que la transmission de la foi repose sur lui. Celui qui n'est pas baptisé s'engagera explicitement à respecter la foi de son conjoint.

Le critère d'un bon discernement : ***la paix intérieure****. Ont-ils le cœur en paix en rédigeant cette fameuse lettre ?*

| 40 | ***La minute-agenda***

Notez maintenant :

- La date de la prochaine rencontre en groupe.
- Votre prochain rendez-vous galant ! *Où et quand vous retrouverez-vous en amoureux pour approfondir ce qui a été vu aujourd'hui ?*

Ces deux dates sont absolument prioritaires !

| 41 | ***Livret des fiancés.*** Insistons sur l'importance des temps de dialogue et de réflexion proposés dans le *Livret des fiancés*.

TEMPS DE PRIÈRE

Prier ensemble l'Esprit Saint

LETTRE DE SAINT PAUL AUX GALATES (GA 5,13-22)

Vous, frères, vous avez été appelés à la liberté. Mais que cette liberté ne soit pas un prétexte pour votre égoïsme ; au contraire, mettez-vous, par amour, au service les uns des autres. Car toute la Loi est accomplie dans l'unique parole que voici : *tu aimeras ton prochain comme toi-même* [...]. Je vous le dis : marchez sous la conduite de l'Esprit Saint [...]. Voici le fruit de l'Esprit : amour, joie, paix, patience, bonté, bienveillance, fidélité, douceur et maîtrise de soi. [...] Puisque l'Esprit nous fait vivre, marchons sous la conduite de l'Esprit.

PRIER L'ESPRIT SAINT

Le Père aime le Fils, le Fils aime le Père, avec une telle intensité que leur amour échangé est, en lui-même, une troisième personne : le Saint-Esprit.
Esprit d'amour, Esprit de sainteté, Esprit de vérité, Esprit de lumière, Esprit de feu, il est si souvent invoqué, loué, chanté par les chrétiens ! Il nous guide vers le Royaume des cieux, avec patience et douceur. C'est lui que nous invoquons lorsque nous avons besoin d'être éclairés dans nos décisions, dans nos choix, pour que nos actes et nos paroles soient justes, bons et vrais.

42 La prière du Cardinal Verdier

Ô Esprit Saint, amour du Père et du Fils,
inspirez-moi toujours ce que je dois penser,
ce que je dois dire, comment je dois le dire,
ce que je dois taire, ce que je dois écrire,
comment je dois agir,
ce que je dois faire,
pour procurer votre gloire, le bien des âmes
et ma propre sanctification.
Ô Jésus, toute ma confiance est en vous.
Amen.

« *Marchez sous la conduite de l'Esprit Saint.* » Ga 5,16

« *L'Esprit de Dieu repose sur vous.* » 1 P 4,14

« *Or, le Seigneur, c'est l'Esprit : et là où est l'Esprit, là est la liberté.* » 2 Co 3,17

Notes

MODULE 6

Aimer, c'est communiquer

Bien communiquer est essentiel à la bonne santé du couple et à la croissance de l'amour. Les ouvrages sur la question sont légion, nous n'aurons que l'embarras du choix si nous désirons l'approfondir ! Pour autant, restons prudents : la communication ne se résume pas à un ensemble de généralités ou de techniques plus ou moins éprouvées, c'**est d'abord une attitude intérieure d'ouverture à l'autre**, une volonté de se donner. L'ouverture des oreilles et de la bouche dépend étroitement de celle du cœur.

Il ne s'agit d'ailleurs pas simplement de **se parler** – quoique ce soit un bon début ! –, mais surtout de **se livrer** : le dialogue repose sur la vérité de ce que l'on est. Cela suppose autant d'humilité que de confiance mutuelle. Ne faire qu'un en restant deux, **passer de la communication à la communion est un des grands défis du mariage**. Nos interventions peuvent être émaillées de questions très concrètes posées aux fiancés pour guider leur réflexion. Elles ne demandent évidemment aucune réponse publique, il s'agit simplement de susciter un questionnement et de permettre un dialogue ultérieur positif et efficace.

Les langages de l'amour permettront d'explorer des pistes concrètes pour comprendre les attentes et les besoins de chacun et y répondre de manière ajustée. Très appréciée des fiancés qu'elle rejoint au cœur de leur vie quotidienne, cette approche ne mérite cependant pas un développement excessif. N'y consacrons donc pas trop de temps (pas plus de 25 % de la rencontre), l'essentiel de la séance doit se focaliser sur la communication dans le couple. Cette séquence est dense, elle doit rester dynamique. Alternons les orateurs, faisons une large place à l'interactivité.

LE PROGRAMME...

1. La communication dans le couple
2. Parler plusieurs langues

SÉQUENCE 1

La communication dans le couple

Notre objectif

Poser, ensemble, les bases d'une communication saine.

Les premières pages de la Bible nous disent qu'à « l'origine », l'homme et la femme vivaient en parfaite communion l'un avec l'autre et avec Dieu : ils se comprenaient naturellement, sans effort, et de manière absolument juste. Nous aimerions pouvoir en dire autant ! Depuis la chute, il nous faut apprendre à communiquer pour mieux nous aimer : une **communication saine et positive construit la communion** entre les époux. Il est donc essentiel d'**apprendre à communiquer de manière ajustée**, et d'**accepter de se livrer en profondeur**.

« *La mort et la vie sont au pouvoir de la langue.* »
Pr 18,21

1. LES CANAUX DE COMMUNICATION

|2| Le **corps** (communication non verbale) assure une part importante de la conversation : aucun doute, c'est un grand bavard ! Gestes, regards, sourires, postures, expressions, démarche expriment ce que nous portons au plus profond. Le langage corporel échappe, en grande partie, au filtrage de la raison, il est donc très instructif… Ouvrons les yeux !

|3| La **parole** (communication verbale) est le support principal du dialogue. Sauf exception (lapsus, etc.), la parole est sous la garde de la raison. Ouvrons la bouche… avec prudence.

|4| La **voix** (communication paraverbale) porte aussi une partie du message : ton, rythme, timbre, volume, force, mélodie, etc. Ouvrons les oreilles !

2. LES SUJETS DE CONVERSATION

Un couple, ce sont deux personnes, deux univers, deux histoires, deux familles qui se rencontrent. Ce temps de préparation au mariage est un temps de re-découverte mutuelle. Même si nous vivons ensemble depuis des années, nous ne nous connaissons peut-être pas encore vraiment. Sur quoi portent nos conversations, que partageons-nous en réalité ?

|5| **Partager ce que l'on vit** : les petites choses de notre vie, les rencontres, le travail, etc. Papoter est le signe d'un couple en bonne santé. Ce factuel apparemment anodin cache beaucoup d'informations (émotions, soucis, joies qui ne se disent pas d'emblée et qui, parfois, sont inconscients). Les conversations du quotidien tricotent la relation.

De quoi parlons-nous le soir, à table ? Savons-nous nous raconter mutuellement notre journée, nos soucis, nos joies, etc. ?

« C'est dans le bavardage que se tisse le lien et dans l'explication qu'il se construit. »
Boris Cyrulnik

| 6 | Partager ce que l'on est : dialoguer est une chose, se dévoiler en est une autre. Pour nous comprendre en profondeur, pour être en vérité, il nous faut accepter d'affronter notre passé, notre culture, nos talents et nos pauvretés et d'en parler à deux. Se livrer en vérité est une manière de se donner à l'autre dans la confiance.

Avons-nous parlé de notre enfance, de notre adolescence, de nos grandes joies, de nos souffrances, de nos limites, de nos talents, de nos dérapages, de nos succès, de nos projets, de nos rêves, de nos idéaux ?

| 7 | Partager ce que l'on ressent (nos joies, nos peines, nos peurs, nos colères, etc.) suppose que nous analysions nos émotions avec un peu de lucidité, que nous les canalisions, que nous les fassions passer par le filtre de la pensée avant d'être capables de les exprimer de manière ajustée.

Savons-nous partager nos émotions de manière juste, les laisser vivre sans les laisser nous gouverner ?

| 8 | Partager ce que l'on croit. Nourrir la relation, cela passe aussi par l'intelligence. Partager nos informations et nos émotions est essentiel sans être suffisant. Comme le fait remarquer le pape François, « *pour que le dialogue en vaille la peine, il faut avoir quelque chose à dire, et ceci demande une richesse intérieure qui soit alimentée par la lecture, la réflexion personnelle, la prière et l'ouverture à la société. Autrement, les conversations deviennent ennuyeuses et inconsistantes.* » (*Amoris laetitia (La Joie de l'amour)*, n° 141)

Savons-nous parler de nos convictions, confronter nos idées politiques, sociales, religieuses, etc. ? Comment alimentons-nous notre pensée ? Où et comment nous informons-nous ?

| 9 | Affronter les sujets « chauds ». Certains sujets sont, sinon tabous, du moins très délicats à aborder… Au top des sujets qui fâchent : la belle-famille, les amis, l'argent, les vacances, le travail, les passions (voire les addictions), la répartition des tâches ménagères. Le *Livret des fiancés* nous invite à reprendre chacun de ces sujets (un par un, pas tous à la fois !) et à y consacrer un vrai moment pour en parler en vérité.

Évitons-nous certains sujets ? Lesquels ? Pourquoi ? Quel est le dernier sujet « chaud » que nous ayons abordé ? Pourquoi est-ce un sujet « chaud » ? Comment cela s'est-il passé ? Avons-nous parlé de la mort, du handicap, de la maladie, de la vieillesse ? De l'importance de la fête dans notre vie, de la relation aux autres, de l'engagement pour le bien commun, etc. ?

« Il ne faut pas jeter un déluge de mots sur un désert d'idées. »
Buffon

Le *Livret des fiancés* propose beaucoup de temps de réflexion, pour cogiter – seul et à deux sur tous les sujets. Insistons auprès des fiancés pour qu'ils prennent au sérieux ces temps de dialogue qui leur sont offerts, occasion unique de se poser des questions, parfois un peu dérangeantes. « Chaud devant » et « Vivre en équilibre » sont deux pages à ne manquer sous aucun prétexte !

3. Les piliers de la communication

Temps de partage…

… En petits groupes

| 10 | *Si vous vouliez saborder la communication dans votre couple, quels moyens emploieriez-vous ? !*

Faites la liste *des principaux ennemis du dialogue en couple.*

Remontée en grand groupe : chaque groupe donne, rapidement, son tiercé gagnant. L'animateur note, au fur et à mesure, sur un tableau blanc.

En s'appuyant sur les éléments donnés ci-dessous, les animateurs vont reprendre ce qui a été dit, compléter en pointant les bonnes pratiques.

« *Ce que dit la bouche, c'est ce qui déborde du cœur.* »
Lc 6,44

| 11 | ***« Ce que dit la bouche, c'est ce qui déborde du cœur. »*** **(Lc 6,44)**

Bien communiquer n'est pas d'abord une affaire de technique mais de cœur, d'intelligence et de volonté. Une bonne communication repose sur trois vecteurs : **bien s'écouter, bien s'exprimer, bien se comprendre.**

| 12 | Ce que résume admirablement ce joli proverbe : ***« le silence est d'or, la parole est d'argent. »***

Bien écouter

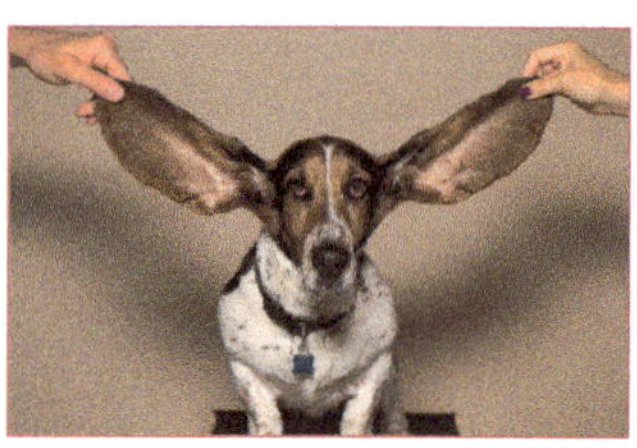

| 13 | **Bien écouter !** Le silence est d'or !

Dans la Bible, le verbe « écouter » est utilisé 713 fois ! Pourquoi, à votre avis, les sessions sur la communication se donnent-elles généralement le titre de « session d'écoute » ? ! Parce que, concrètement, nous interrompons notre interlocuteur au bout d'à peine vingt secondes ! Parler, oui, on sait faire ! Écouter est le grand défi.

« *Chacun doit être prompt à écouter, lent à parler.* »
Jc 1,19

| 14 | ***« Chacun doit être prompt à écouter, lent à parler. »*** **(Jc 1,19)**

Pour bien communiquer, nous devons d'abord **apprendre à nous taire et apprivoiser le silence.**

- **Le silence permet à l'autre de s'exprimer.** Se taire pour lui laisser le temps de parler, le laisser respirer sans profiter de la moindre pause pour s'infiltrer dans la brèche, est une ascèse. Dans la relation, ce qui importe en premier lieu, ce n'est pas le message ni la manière de le faire passer, mais **la personne** qui est en face. **Et cette personne a besoin d'espace.**
- **Le silence permet une écoute vraie**, une écoute du cœur. Essayons d'être tout ouïe, comme les poissons, d'écouter sans préparer notre réponse, en cherchant à comprendre ce qui est dit – et ce qui ne l'est pas.
- **Le silence partagé est une manière de dialoguer.** L'essentiel passe au-delà des mots, lorsque chacun est intensément présent à l'autre.

Les 4 meilleurs ennemis de l'écoute

- Les postures de fermeture (refus du dialogue, bouderie, etc.).
- La fatigue, le stress, **le manque de disponibilité** (« Écouter » son conjoint en regardant ses mails… ce n'est pas l'écouter !). La qualité de notre présence manifeste la qualité de notre écoute.
- Le manque de respect (**interrompre et devancer** celui qui parle est une manière de lui marcher sur les pieds).
- Les préjugés et présupposés de toutes sortes (« *Je sais ce que tu vas me dire…* », « *Je sais ce que tu penses…* »).

Bien s'exprimer

| 15 | Bien s'exprimer. La parole est d'argent !

Le meilleur moyen d'être bien compris est de bien s'exprimer. Retenons **deux règles :**

- **Réfléchir posément** à ce que l'on veut dire. Dans quel ordre ? Comment ? Notre émotion est-elle ajustée à l'événement qui l'a provoquée ? Si ce n'est pas le cas, pourquoi est-elle disproportionnée ? Attention à l'impulsivité !
- **S'exprimer clairement :** si nous voulons être bien captés, émettons clairement !

Le choix des mots, le ton, le regard, tout cela exprime ce que nous ressentons. Attention au poids des mots qui blessent, dépassent notre pensée, humilient, etc.

| 16 | *« Nos paroles traduisent la qualité de notre âme. »* (Saint François de Sales) **La première vertu de la parole est d'être chaste,** c'est-à-dire sans volonté d'emprise sur l'autre, ajustée aux personnes et aux situations. **La deuxième est d'être bienveillante**, dans son intention autant que dans sa formulation. Employée sans délicatesse, sans bienveillance, elle peut provoquer des dégâts profonds – parfois irréversibles.

La Bible ne cesse de nous inciter à veiller à notre langue, ce « *fléau toujours en mouvement* » (Jc 3,7), « *une arme tranchante* » (Ps 56,5), cette « *flèche meurtrière* » (Jr 9,7), « *un piège* » (Ps 5,10) « *qui murmure la perfidie* » (Is 59,3) et commet « *tromperies* » (Mi 6,12), « *fraude et violence* » (Ps 9B,7). « *Notre langue est une petite partie de notre corps et elle peut se vanter de faire de grandes choses* », dit saint Jacques (Jc 3,5).

Les 6 meilleures manières de saboter la communication

- **Parler « sur » l'autre plutôt que de parler « à » l'autre**. Attention à la communication en mode « périph' bondé à 18 heures » ! L'utilisation « klaxon » du « tu » tue la relation. Au « tu » accusateur (« *tu es pénible…* »), privilégions le « je », énonçons les faits avant le ressenti.
- **Mentir.** La vérité est la base de la confiance mutuelle.
- **Avoir toujours raison, se justifier, se donner des excuses.**
- **Parler par injonctions** (« *il faut…* »), être dogmatique, donner des leçons et des conseils non sollicités. **Parler japonais** : *taka, yaka, fokon, tudoi…*

> « Mets une garde à mes lèvres, Seigneur, veille au seuil de ma bouche. »
> Ps 140,3

> « Qui tient sa langue est bien avisé, argent de bon aloi, la langue du juste ! »
> Pr 10,19-20

> « Quand je repense à tout ce que j'ai dit, j'envie les muets ! »
> Sénèque

> « Ne pas parler comme il convient fait du mal aux âmes. »
> Platon

> « S'il faut toujours dire la vérité à la clientèle, il n'y a pas de commerce possible ! »
> Marcel Pagnol

- **Parler chinois,** de manière incompréhensible par le commun des mortels.
- Mépriser, dévaloriser, **humilier, culpabiliser,** se moquer, ironiser, provoquer, juger, surplomber, **faire preuve de condescendance.** La **violence** verbale, la manipulation, les menaces et toutes autres formes, larvées ou non, de terrorisme relationnel sont inacceptables.

Bien se comprendre

17 **Bien se comprendre.**

18 **Le vase de Rubin** (2 min maximum) : chacun prend une feuille blanche et décrit ce qu'il voit.

Ramasser les feuilles et les mettre de côté sans plus d'explication…

19 **Dessin.**

Quand on dit qu'**un couple « s'entend bien »,** cela a un sens symbolique : les conjoints s'écoutent, donc ils s'entendent et se comprennent.

- **Comprendre ce que vit l'autre :** l'empathie, la volonté de rejoindre l'autre dans ce qu'il vit sont des attitudes intérieures d'ouverture et d'amour.
- **Comprendre ce qu'il dit.** Entre ce qu'il dit et ce qu'il veut dire, entre ce qu'il dit et ce que nous comprenons, il peut y avoir de sérieux décalages ! Chacun de nous a sa propre manière de fonctionner, de raisonner, de communiquer. Son message va donc être déterminé par des filtres :

  – ***Filtre de la pensée*** (plus ou moins logique, rationnelle, déductive, intuitive, méthodique, analytique, synthétique, claire, linéaire ou en arborescence, etc.).

  – ***Filtre des émotions*** (impactent la logique du discours et son objectivité).

  – ***Filtre de la personnalité et du caractère*** (primaire/secondaire, calme/nerveux, premier degré/second degré, susceptible/débonnaire, etc.).

  – ***Filtre des valeurs,*** des croyances, des jugements, etc.

  – ***Filtre de l'éducation,*** de la culture, de l'histoire personnelle, etc.

  – ***Filtre du langage.*** Certains mots n'ont pas le même sens ni la même consonance affective pour tous.

Un filtre est une manière de voir, de penser, de juger propre à chacun et qui, de manière inconsciente, oriente sa manière de s'exprimer. Nous avons tous nos filtres, et ce ne sont pas les mêmes que ceux de notre conjoint. Ces filtres « encodent » le message émis. Celui qui les décode n'utilisant pas la même grille de lecture, **les décalages peuvent être spectaculaires.** Beaucoup de tensions sont dues à ces déperditions, ces interprétations personnelles, qui provoquent malentendus et procès d'intention, parfois très lourds à vivre.

20 **Le vase de Rubin.** *Reprenons les feuilles : certains ont vu un vase blanc, d'autres deux visages face à face, certains ont fait une description objective, d'autres ont donné des interprétations diverses. Question de filtre !*

Comprendre l'autre en profondeur, se mettre à sa place, c'est un peu comme lui confier notre appareil photo. Peut-être l'avez-vous constaté en regardant les photos prises par votre fiancé(e) : il (elle) ne photographie pas les mêmes choses et lorsqu'il (elle) le fait, c'est rarement sous le même angle. Il (elle) ne voit pas le monde comme vous…

Reformuler ce que l'on a entendu permet de vérifier qu'on l'a bien compris ce que dit notre interlocuteur (« *si je t'ai bien compris…* »). Il s'agit, en l'occurrence, de résumer son propos sans le déformer, ni l'interpréter, de hiérarchiser les faits et sentiments exprimés et de recentrer le débat sur l'essentiel.

4 idées supplémentaires pour fausser le dialogue

- **Détourner la conversation, fuir la confrontation.** Assumons ce qui nous dérange, apprenons à faire face aux désaccords, aux conflits, aux remises en question de nos fonctionnements.
- **Se mettre au centre** (« *moi, je…* », « *je veux…* », etc.). L'égocentrisme est un ennemi de l'amour en général et du dialogue en particulier. L'empathie est le secret d'une communion authentique.
- **Refuser de se remettre en question** (déni, autojustification, etc.). La question n'est pas d'avoir tort ou raison, mais de comprendre que l'on puisse avoir des approches, des opinions, des expériences différentes. La richesse naît de la diversité des points de vue, la vérité émerge de leur confrontation.
- **Donner des conseils, minimiser,** rassurer (« *ce n'est pas grave* »), dénier le ressenti (« *tu n'as pas le droit de dire cela…* ») ou l'écraser (« *tu es trop sensible…* ») : en écrasant ses affects, on écrase la personne.

> « L'autre est peut-être porteur d'une vérité qui me manque. On ne possède pas la vérité. J'ai besoin de la vérité des autres. »
>
> Mgr Claverie

4. Pour mettre en place un vrai dialogue

| 21 à 25 | En toutes circonstances, restons dans l'**amour**, recherchons le **bien**, la **vérité**, la **justice** et la **paix**. La communication sera alors au service de la communion. Communiquer avec amour est une modalité concrète du don de soi.

Communiquons…

| 26 à 32 | *Au bon moment – de manière apaisée et avec respect – sur le positif – avec courage et clarté – avec humour – avec amour, empathie et bienveillance – dans l'intimité.*

Pour progresser, essayons de :

- **Garder un bon équilibre de vie**, entre nos engagements familiaux, professionnels, associatifs, etc. Le premier ennemi du dialogue, et le plus sournois, c'est le temps qui passe ! Notre manque de disponibilité l'un pour l'autre, ces écrans qui font de plus en plus écran entre nous, amputent la communication de son ingrédient essentiel : le temps. Un petit exercice pour se faire peur ? Comparons le nombre d'heures passées, chaque jour, devant les jeux vidéo, la télé ou sur notre téléphone, au temps consacré aux moments de qualité partagés en couple. Oups !

- **Prendre conscience de nos mauvaises habitudes**, et remplacer chaque mauvais comportement par un comportement positif. Le seul moyen de se défaire d'un mauvais pli, c'est de le repasser avec un bon fer ! On ne devient courageux, humble ou délicat qu'en posant des petits actes de courage, d'humilité ou de délicatesse quotidiens. La vertu s'acquiert par l'habitude.
- **Prendre du temps pour parler en profondeur**, au-delà des joies et soucis du quotidien.

Chaque couple a besoin de moments d'intimité, sans le chien, la télé ni les enfants, pour échanger sur ses projets, ses joies, ses difficultés.

- **Une heure par semaine.** *Quel a été le point particulièrement positif de la semaine pour notre relation ? Le point noir ? Des remerciements, des félicitations, des excuses, des pardons à échanger ?*
- **Une soirée par mois**, pour la même démarche, en reprenant les points de progrès puis les points de friction récurrents. Chacun se fixe un effort concret.
- **Un week-end par an**, en amoureux, pour la joie d'être seuls au monde !

| 33 | **La communication à très haut débit, c'est la prière en couple.** Parce que, à l'évidence, le dialogue à deux est difficile, il nous faut nous appuyer sur le Seigneur. Les grâces du sacrement de mariage ne sont pas des forces aussi obscures qu'abstraites, ce sont des soutiens concrets pour notre vie quotidienne. Ce soutien, on le puise dans la prière qui nous branche, ensemble, sur le réseau de l'Esprit Saint. Unis sous le regard du Seigneur, nous lui remettons nos pauvretés, nos difficultés à aimer. Demandons-lui de veiller à la solidité du réseau. Pas besoin de changer d'opérateur, c'est de loin le plus fiable.

Temps de partage en couple

| 34 | *Prendre 5 min de réflexion personnelle puis partager à deux sur les questions suivantes :*

| 35 | ***Quelle note globale entre 1 et 10 est-ce que je mettrais à notre communication ? Pourquoi ?***

Les temps de partage en couple nous ont-ils permis de mieux nous comprendre? Que nous ont-ils révélé sur la qualité de notre dialogue ?

Quelles sont mes (tes) deux qualités qui favorisent le dialogue ?
Quelles sont mes (tes) deux attitudes qui rendent le dialogue difficile ?
Quel premier point d'effort puis-je me fixer aujourd'hui ?

SÉQUENCE 2

Parler plusieurs langues

Notre objectif

Apprendre à communiquer par les actes ! **Se mettre à l'écoute des attentes de notre conjoint** pour lui donner ce dont il a réellement besoin est aussi une manière efficace de construire la communion.

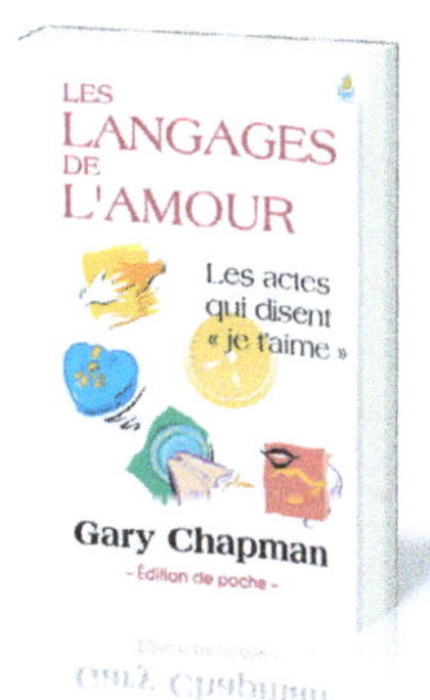

| 36 | Les langages de l'amour

Qui ne connaît le psychologue américain Gary Chapman et ses fameux ***Langages de l'amour*** ? Selon Chapman, mieux comprendre les attentes de notre moitié et y répondre de manière bien ciblée améliore considérablement la communion conjugale. Ce livre fourmille de conseils pour booster le dialogue à deux.

1. LA THÉORIE DE CHAPMAN

Chacun de nous a appris, dans sa toute petite enfance, une langue maternelle qu'il parle naturellement et couramment. De la même façon, il a assimilé un langage affectif, lié à la manière dont les adultes qui l'environnent l'ont choyé et lui ont exprimé leur amour. Plus tard, l'enfant pourra apprendre des langues étrangères. Mieux il les possédera, mieux il communiquera avec ceux qui les parlent. De la même façon, il pourra apprendre d'autres langages affectifs pour mieux communiquer avec son entourage.

Parler le même langage, voilà, selon Gary Chapman, le secret des couples heureux ! Mari et femme ont généralement appris des langages d'amour différents. Pour le comprendre, pour répondre à ses attentes et ses besoins, pour vivre en communion, il nous faut apprendre à parler la langue sentimentale de notre conjoint. L'amour est un choix, rappelle Chapman, il fait intervenir la volonté. Rechercher l'intérêt de l'autre et vouloir le rejoindre dans ce qu'il vit est une saine décision qui doit se traduire par des actes. « *L'amour véritable [...] associe raison et sentiment. Il implique un acte volontaire, exige de la discipline et reconnaît le besoin du progrès personnel. Notre besoin émotionnel le plus profond n'est pas de tomber amoureux, mais d'être authentiquement aimé d'autrui, de connaître un amour qui procède à la fois de la raison et d'un choix, non d'un instinct.* » (Gary Chapman, *Les Langages de l'amour,* Éditions Farel, p. 26)

L'expérience montre que nous avons tendance à parler à l'autre dans notre langue maternelle, en utilisant notre langage d'amour à nous. Ce faisant, avec la meilleure volonté du monde, nous ne le nourrissons pas sur le plan affectif.

Ex. Quand on fait un cadeau à quelqu'un, on a parfois tendance à choisir une chose qui nous plaît, à nous. On se dit : « Tiens ? ce truc-là, ça me ferait plaisir, donc ça lui fera plaisir. »

On peut « être à côté » toute sa vie : on donne avec cœur, certes, mais mal, sans tenir compte des goûts et des besoins de l'autre – qui ne sont pas forcément les nôtres. **Il nous faut donc identifier le langage de notre moitié pour apprendre à lui parler dans sa langue maternelle, à elle.** Non seulement nous pouvons mieux donner, mais aussi mieux recevoir ce que l'autre nous donne. Ayant compris son langage, nous pouvons reconnaître et accueillir avec gratitude les marques d'amour qu'il nous offre et que nous n'avions pas forcément décodées.

Voilà qui nous décolle de nos schémas personnels et de notre sacro-saint nombril ! « Préférer l'autre à soi » demande de se décentrer, de se déplacer pour **entrer dans la logique de l'autre et comprendre** ce qu'il est et ce dont il a besoin. L'adaptation mutuelle est une des clés de l'amour durable.

2. Parler cinq langues

Gary **Chapman affirme qu'en amour, il existe cinq langues,** c'est-à-dire **cinq grandes manières de nourrir la relation**, cinq manières privilégiées **de dire : « je t'aime. »**

| 37 | **Les paroles valorisantes.** Valoriser l'autre – ce qu'il est, ce qu'il vit, ce qu'il fait – est une manière d'exprimer son amour et de combler son besoin fondamental de reconnaissance. Complimenter, admirer, encourager, valoriser, être constructif, sont de puissants vecteurs de communion. Paroles intimes mais aussi publiques : « bénir », dire du bien de son conjoint en public, reconnaître ouvertement sa valeur, témoigner d'un amour profond et sincère fait aussi grand bien à l'entourage. Valoriser est extrêmement rentable, le bénéfice est triple : pour l'estime de soi du conjoint, pour le bonheur du couple et pour celui de la société !

| 38 | **Les moments de qualité partagés.** Être disponible, offrir à l'autre une réelle qualité de présence (sans regarder son portable toutes les deux minutes, ni se jeter dessus dès qu'il bipe), faire des petites choses à deux. Dialogue de qualité et moments de qualité vont généralement de pair.

| 39 | **Les cadeaux.** Certains sont très « cadeaux », pas tant pour l'aspect matériel que pour l'attention que cela représente. Le cadeau signifie : *il (elle) a pensé à moi, a cherché à me faire plaisir.* Ce sont des marques d'amour visibles. Les gens sensibles à ce langage sont également sensibles aux dates, autre preuve que l'on pense à eux. Il ne faut pas oublier leur anniversaire…

| 40 | **Les services rendus.** Descendre la poubelle ou repasser les chaussettes, cela peut rapporter gros ! Ceux et celles qui sont sensibles aux services rendus sont détendus, heureux, reconnaissants lorsqu'on les décharge de certaines choses. Voir ce qu'il y a à faire et le faire, tout un art… Apprenons à demander : « *que puis-je faire pour toi ?* »

| 41 | **Les gestes de tendresse.** Le toucher, seul sens réparti sur tout le corps, nous rejoint au plus profond. Viscéral, le besoin de tendresse physique s'exprime dans la relation sexuelle mais aussi dans mille petits gestes : se donner la main, s'enlacer, se faire des petits câlins, etc. Chapman attire notre attention sur le fait que les hommes sont en demande de relations sexuelles et les femmes, de gestes de tendresse « gratuits ».

3. Les grands défis

- **Repérer notre langage de l'amour** et celui de notre fiancé(e) et établir un quinté dans l'ordre. Précision intéressante de Chapman : « *les reproches que mon conjoint me fait à propos de mon comportement me fournissent l'indice le plus clair sur le langage auquel il est le plus sensible.* »
- **Apprendre le vocabulaire mais aussi la grammaire et la conjugaison.** Il faut parler le langage de l'autre intelligemment, c'est-à-dire de façon bien ciblée afin de lui donner ce dont il a besoin et de reconnaître et recevoir ce qu'il nous donne avec reconnaissance.
- **Être polyglotte** : plus on parlera de langues différentes, mieux on s'exprimera mutuellement notre amour, mieux notre affectivité sera nourrie.
- Ne pas entrer dans des concessions mutuelles (donnant/donnant), mais poser la question suivante à son conjoint : *qu'est-ce qui te fait plaisir ?*

  => L'idée étant, non de se sacrifier (ce qui engendre de la frustration), mais de le vivre dans un esprit positif et joyeux : *te faire plaisir me fait plaisir.*

2 min de réflexion personnelle

| 42 |
Quel est le premier langage de mon (ma) fiancé(e) ? Et le mien ?

Quel est le langage qu'il (elle) capte le moins bien ? Et moi ?

5 min de partage en couple

| 43 |
Quelles similitudes, quelles différences ?
Quels besoins ne sont pas comblés ?
Avons-nous des exemples concrets ?

Pourrions-nous établir notre quinté gagnant ?

| 44 | ***La minute-agenda***

Notez maintenant :

- La date de la prochaine rencontre en groupe.
- Votre prochain rendez-vous galant ! *Où et quand vous retrouverez-vous en amoureux pour approfondir ce qui a été vu aujourd'hui ?*

Ces deux dates sont absolument prioritaires !

| 45 | ***Livret des fiancés***

Insistons sur l'importance des temps de dialogue et de réflexion proposés dans le *Livret des fiancés*.

TEMPS DE PRIÈRE

Apprendre à prier ensemble

LETTRE DE SAINT PAUL AUX COLOSSIENS (COL 3,12-14)

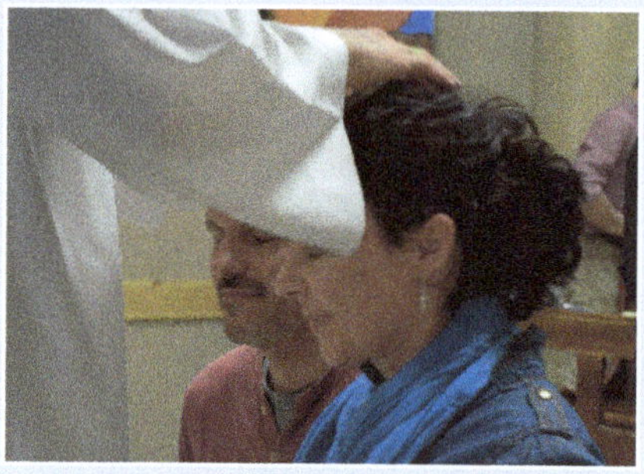

46 Frères, puisque vous avez été choisis par Dieu, que vous êtes sanctifiés, aimés par lui, revêtez-vous de tendresse et de compassion, de bonté, d'humilité, de douceur et de patience. Supportez-vous les uns les autres, et pardonnez-vous mutuellement si vous avez des reproches à vous faire. Le Seigneur vous a pardonné : faites de même. Par-dessus tout cela, ayez l'amour, qui est le lien le plus parfait.

PRIER, OUI, MAIS COMMENT ?

Ce n'est pas facile de prier lorsqu'on n'en a pas l'habitude. On se demande ce que l'on va dire, comment on va le dire, s'il y a vraiment quelqu'un au bout du fil…

Le plus dur, dans la prière, c'est de s'y mettre, d'accepter de s'arrêter quelques minutes pour Dieu.

- Commençons par un beau signe de croix, ample, qui nous enveloppe de l'amour de Dieu.
- Posons ensuite un petit acte de foi : *« Je crois, Seigneur, que tu es là, près de moi. »*
- Notre prière peut prendre des formes très différentes :

  – Nous pouvons lire la parole de Dieu et méditer très simplement, en nous imaginant la scène, puis en nous demandant ce que Dieu veut nous dire.

  – Nous pouvons aussi, tout simplement, prier avec trois petits mots très simples que nous employons tous les jours :

    • **Merci !** Faisons un rapide bilan de nos joies, des signes que Jésus nous a donnés de sa présence, remercions-le pour ce qu'il nous donne.

    • **S'il te plaît !** N'hésitons pas à présenter au Seigneur nos soucis, prions pour ceux qui nous entourent, pour les malades, les personnes seules, âgées, etc.

    • **Pardon !** Nous avons manqué d'amour envers notre prochain, manqué d'attention envers Dieu, demandons-lui pardon, tout simplement.

  – Nous pouvons aussi contempler silencieusement une icône, ou le Saint-Sacrement exposé dans une église et dire simplement : « Jésus ».
- Terminons par un Notre Père et un beau signe de croix.

« Le désir de la prière, c'est déjà prier. »
Bernanos

« La prière est une douce amitié, une familiarité étonnante ; c'est un doux entretien d'un enfant avec son Père. »
Le Curé d'Ars

« Je dis tout simplement au Bon Dieu ce que je veux lui dire, sans faire de belles phrases, et toujours il me comprend. »
Sainte Thérèse de l'Enfant-Jésus

"

« Quand deux ou trois sont réunis en mon nom, je suis là, au milieu d'eux. »
Jésus (Mt 18,20)

Notes

Notes

MODULE 7

Aimer, c'est pardonner

Lors de nos dernières rencontres, nous avons souvent évoqué le pardon, montrant à quel point il est **nécessaire à une relation durable**. « L'amour ne s'emporte pas, il ne garde pas de rancune, il pardonne tout, excuse tout etc. » (1 Co 13) : il est temps d'aborder ces points sensibles, de plain-pied dans la réalité et dans l'espérance.

- **Réalité de nos pauvretés**, de nos limites, de notre péché. Insistons sur le fait que le péché est concret, la blessure est concrète, la relation à soi-même, à l'autre et à Dieu est concrètement abîmée. Bref, soyons concrets !
- Restons toujours **fermement ancrés dans l'espérance** ! Dans le Christ, nous sommes capables de traverser les crises et d'en sortir renforcés dans notre amour, capables de pardonner jusqu'à soixante-dix fois sept fois, capables d'être les « visages de la miséricorde du Père » (Pape François). **Insistons sur la beauté, la grandeur du pardon**, le nôtre mais aussi celui de Dieu.

Cette rencontre est un moment essentiel du parcours de préparation au sacrement de mariage. **Elle porte de très beaux fruits**. Organisée **en soirée dans l'église paroissiale**, elle n'est pas interactive afin d'aider à l'intériorisation, à l'introspection nécessaires pour vivre, en profondeur, les démarches de pardon proposées. Soignons le décor, les éclairages, la musique, pour créer une atmosphère de prière sereine. L'idéal est de commencer par une courte prière et un chant méditatif pour que, d'emblée, les fiancés perçoivent l'enjeu inhabituel de cette rencontre et entrent dans le silence et le recueillement.

Cette soirée rassemble tous les couples concernés par le parcours en cours dans la paroisse.

On peut passer de la taille L au XL, en invitant également les couples qui se préparent au mariage ailleurs mais se marieront dans la paroisse, les couples préparés et mariés l'an dernier, les couples parrains, et, pourquoi pas, l'ensemble des couples de la paroisse ?

Le format XXL est également disponible, qui associera d'autres paroisses, afin de vivre une expérience d'Église élargie.

Invitons largement et prévoyons, plusieurs semaines à l'avance, une bonne campagne de pub.

LE PROGRAMME…

1. *Le pardon dans le couple*
2. *Temps de méditation : le fils prodigue*
3. *Vivre le pardon*

SÉQUENCE 1

Le pardon dans le couple

Notre objectif

Préparer les cœurs, par une parole claire, bienveillante et délicate, à vivre un moment de pardon à deux, mais aussi, chacun, devant le Seigneur.

Plusieurs options sont possibles pour cette première partie de soirée :

- **Inviter un(e) conseiller(e) conjugal(e) chrétien(ne)** à prendre la parole. Préparons cette intervention avec notre invité(e), afin d'en définir ensemble les objectifs, le cadre et les points essentiels, veillons à ce que le pardon reste le sujet principal.
- **Animer nous-mêmes** à partir des éléments proposés ci-dessous. Ne passons pas trop de temps sur les crises, insistons sur le pardon. Apportons notre témoignage avec simplicité – attention, toutefois, de ne pas projeter nos propres difficultés sur nos invités… Ne témoignons que de ce qui est apaisé, résolu, pardonné, avec recul, joie, amour et humour.
- **Commencer par une vidéo sur le pardon ou un témoignage de couple « en direct ».** Les couples animateurs en reprendront les points essentiels en intégrant les repères proposés ci-dessous. « Ce qui m'a touché dans cette vidéo, c'est… », « Ce que je retiens de ce témoignage, c'est… ». L'idéal étant de faire circuler la parole entre les animateurs, chacun reprenant un point à développer (2 min max par animateur). Cela demande un peu de préparation et une bonne coordination des interventions, mais permet de dire beaucoup de choses de manière vivante.

Aucun couple, aucune famille, ne passe à côté des tensions et des disputes. Blessée par le péché, la relation humaine reste fragile : elle ne sera parfaite que dans le royaume de Dieu…

Les **disputes, conflits et crises** que nous traversons **sont** normaux. Ils sont **sains lorsqu'ils ne sont ni violents, ni trop récurrents et qu'ils permettent de nous ajuster** l'un à l'autre. Reste, surtout, par le pardon, à en faire **un dynamisme au service de l'amour.**

1. L'AMOUR NE S'EMPORTE PAS

Accorder ses violons : *l'amour prend patience*

2 **L'amour prend patience.** Chacun a sa culture, ses défauts, ses blessures, son éducation, ses besoins, ses habitudes ; passer du « je » au « nous » suppose des ajustements parfois douloureux. « Accorder ses violons » est nécessaire pour jouer juste, mais provoque inévitablement des grincements éprouvants pour les oreilles sensibles ! « Accorder ses violons », c'est s'ajuster l'un à l'autre, dépasser les incompréhensions, s'accepter différents pour faire place à la nouveauté et créer une symphonie originale. Il ne s'agit ni de s'écraser, ni de se faire entendre coûte que coûte, mais de se déplacer l'un vers l'autre. Être soi en se donnant pleinement, faire « un » en restant deux, tout un équilibre !

Se confronter au réel : *l'amour trouve sa joie dans la vérité*

|3| **L'amour trouve sa joie dans la vérité.** Au tout début, **l'amour est parfois un peu aveugle :** la Fée Clochette et le Prince Charmant sont en apesanteur sur un petit nuage rose tout joli, tout doux, tout chaud. Mais, à l'évidence, **le mariage rend la vue** (raison de plus pour se marier), car il est fondé sur **le réel** et sur **la durée**. Les roucoulants tourtereaux finissent donc, un jour ou l'autre, par tomber de leur nid en ouate. La fusion ayant créé de la confusion, la confrontation au réel est difficile. À l'évidence, le conjoint réel n'est pas le conjoint rêvé (Prince Charmant se défile pour la vaisselle et Fée Clochette a une fâcheuse tendance à vouloir régenter son mari), ce qui engendre déception, frustration, colère.

L'amour a besoin d'être purifié, afin d'aimer l'autre dans sa vérité, au-delà de nos attentes plus ou moins légitimes. Étape de croissance nécessaire, signe de **maturité de l'amour,** la déception surmontée nous fait entrer dans la gratuité du don.

La déception nous dit aussi que l'autre ne nous comblera jamais entièrement : nous avons dans le cœur un désir d'amour si total, si pur que Dieu seul pourra le combler.

Tensions, disputes et conflits : *« l'amour ne s'emporte pas »*

- **Accepter le conflit**

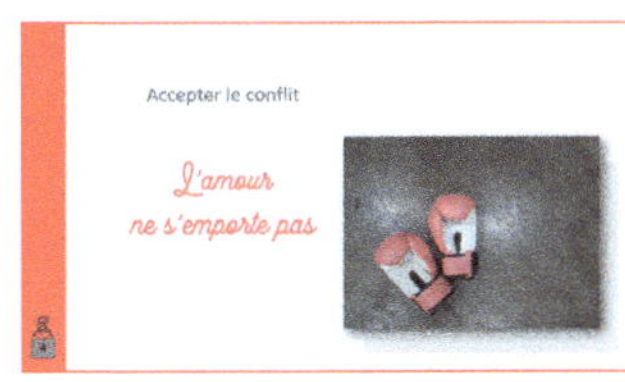

|4| *« L'amour ne s'emporte pas »* ne signifie pas qu'il occulte le conflit. Au contraire, il y fait face avec **réalisme et miséricorde**. L'amour n'admet ni la violence, ni l'injustice, ni la haine qui sont des **choix de mort**. Comme toutes nos émotions, la colère doit être maîtrisée : acceptée, décryptée et comprise, elle peut s'exprimer de manière juste et proportionnée.

Un conflit bien mené qui permet de soulever les problèmes et de les résoudre est nettement plus sain qu'un conflit évité qui enfouit tout - pour un temps seulement : gare à l'effet boomerang ! **Les disputes sont des symptômes**, elles parlent de ce qui est blessé, en nous-mêmes ou/et dans nos relations. Elles montrent que certains de nos besoins ne sont pas satisfaits, que certains de nos comportements sont inadaptés. Elles manifestent nos émotions, nos frustrations, nos blessures et nous **offrent l'occasion de soulever les vrais problèmes et de chercher à les résoudre.**

- **Kilos de plumes et kilos de plomb**

|5| **Plumes ou plomb.** Qu'est-ce qui est plus lourd ? Mille petites indélicatesses répétées, mille petits manquements à l'amour ou un gros ? Toutes les offenses ne sont pas du même ordre et de même importance, elles ne doivent donc pas être toutes mises sur le même plan. Méfions-nous cependant des accumulations : additionnés, kilos de plumes et kilos de plomb font des tonnes d'amertume, de frustration, de rancune.

« Le problème est que, parfois, on donne la même gravité à tout, avec le risque de devenir impitoyable devant toute erreur de l'autre. »

Pape François, *Amoris laetitia* (*La Joie de l'amour*), n° 105

- **Vider les poubelles**

|6| Le meilleur moyen d'éviter d'en porter des tonnes ? **Vider les poubelles !** Si nous laissons les malentendus, incompréhensions, amertumes, frustrations s'accumuler et pourrir dans un coin, il y a fort à parier que nous serons vite incommodés par l'odeur nauséabonde de la rancœur… Affrontons les difficultés, osons dire au fur et à mesure ce qui coince, analysons ce qui provoque les tensions, trouvons des solutions concrètes pour résoudre durablement les problèmes. Bref, agissons.

Gérer les crises : « *l'amour espère tout* »

La crise n'est pas un conflit passager, mais un malaise durable qui affecte en profondeur la relation conjugale.

Liées au couple, certaines crises affectent directement la relation des époux. L'un des conjoints a trompé l'autre, lui a caché un fait grave, les conflits se sont cristallisés, le projet de vie du couple se fissure (les époux envisagent l'avenir de manière différente, font des choix inconciliables), un événement ébranle le couple (tensions avec la famille, difficultés avec les enfants, problèmes financiers), etc.

D'autres sont **des crises personnelles** qui affectent l'un des deux conjoints (deuil, maladie, crise de milieu de vie, chômage, syndrome du nid vide, difficultés liées à l'histoire personnelle, etc.) et qui ont d'énormes répercussions sur le couple et la famille.

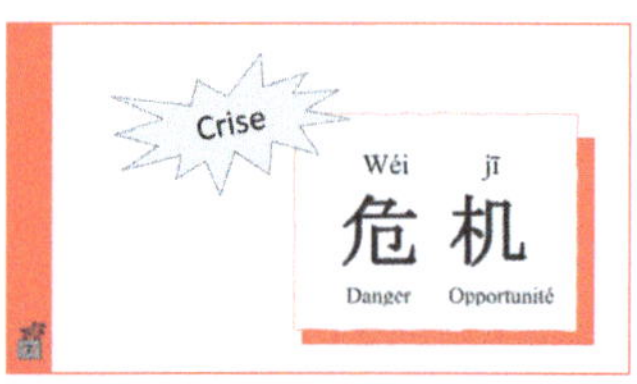

|7| En chinois, le mot « **crise** » se compose de deux caractères : *wéi* et *ji*. *Wéi* signifie « danger », *ji* « opportunité ».

Wei ! On peut être tenté d'enfouir le problème, de croire que tout s'arrangera si l'on se sépare etc.

Ji ! Affrontée avec réalisme et bonne foi, la crise peut être une occasion de croissance. Au pied du mur, on expérimente que l'amour est un choix de la volonté. Aimer et se donner au-delà du ressenti, **vouloir aimer** au-delà des difficultés : **là se joue la fidélité.**

Une crise importante justifie toujours un accompagnement par un thérapeute professionnel : conseiller conjugal si la crise est directement liée à la relation conjugale, psychologue s'il s'agit d'une crise personnelle.

2. L'AMOUR N'ENTRETIENT PAS DE RANCUNE

|8| **L'amour pardonne tout !** Les couples qui rayonnent après cinquante ans de mariage n'ont pas eu une vie plus facile que les autres, mais ils ont surmonté leurs difficultés. 100 fois ils sont tombés, 100 fois ils se sont relevés et se sont humblement demandé pardon. Si l'amour est patient, longanime, s'il s'appuie sur la grâce du sacrement de mariage pour aimer et pardonner en vérité, il « *ne passera jamais* ». (1 Co 13)

Pourquoi pardonner ?

- **Parce que le Christ nous le commande !**

  Combien de fois Jésus a-t-il exhorté des disciples (et nous avec !) à pardonner à ceux qui les avaient offensés ? À rendre le bien pour le mal (Lc 6,27 : « *Aimez vos ennemis, faites du bien à ceux qui vous haïssent.* ») ?

  9 À pardonner sans compter (**soixante-dix fois sept fois**, c'est-à-dire **indéfiniment**) ? À faire preuve de générosité, à être « *miséricordieux comme le Père est miséricordieux ?* » (Lc 6,36)

  Nous découvrons dans l'Évangile que la joie de Dieu, c'est de nous pardonner. Jésus nous montre le lien profond qu'il y a entre la miséricorde dont nous bénéficions et dont nous sommes redevables à Dieu et la miséricorde dont nous faisons preuve vis-à-vis de nos frères (Mt 18,23-33 : « *Ne devais-tu pas, à ton tour, avoir pitié de ton compagnon, comme moi-même j'avais eu pitié de toi ?* ») ! Si Dieu ne nous pardonnait pas le premier, *nous ne pourrions par pardonner aux autres ni leur demander pardon…*

  Parce que l'on s'est engagé à aimer !

  Le pardon est une manifestation concrète de la fidélité des époux à leur engagement initial : dire « *je me donne* » signifie « *je te demanderai pardon autant de fois que nécessaire* ». Dire « *je te reçois* » signifie « *je te reçois comme tu es, avec tes pauvretés, je te pardonnerai autant que nécessaire* ». **Le pardon est une forme particulièrement grande du don de soi,** un acte d'amour vrai. Seul celui qui pardonne peut dire, en toute vérité : « je t'aime. » Le pardon est une décision de la volonté avant d'être un élan du cœur. La question n'est pas : « *est-ce que je le sens ?* » mais « *est-ce que je le veux ?* »

- **Pour être libres !**

  La rancune est un enfermement et une entrave. Le mot grec pour « pardonner » signifie aussi « délier » : le pardon délie l'amour, délie l'autre de la tristesse, de l'injustice, nous délie nous-mêmes de la rancune, de la colère, de ce qui nous abîme. **Le pardon n'est pas l'oubli de l'offense mais la décision d'aimer l'offenseur malgré tout,** de se libérer de l'esprit de vengeance et de renoncer à la rancune pour continuer d'aimer « en actes et en vérité ». Le pardon donné et reçu est incroyablement libérateur, c'est une résurrection pour l'offensé comme pour l'offenseur.

- **Pour vivre heureux !**

  Le pardon rétablit la justice et la vérité, il apporte la liberté et, avec elles, la joie et la paix.

Les dispositions du pardon

Le pardon est **un don qui, lorsqu'il est reçu, permet la réconciliation et renouvelle l'amour**. Pour qu'il y ait échange, il faut que chacun des époux en prenne sa part : la réciprocité est une des clés du pardon. Qu'il soit demandé ou reçu, il doit s'exprimer clairement par des mots, des gestes et des actes.

Distinguons l'offense voulue (de l'ordre du péché puisqu'il y a volonté consciente de faire le mal) de l'offense involontaire (de l'ordre de la faute).

> « *Seigneur, lorsque mon frère commettra des fautes contre moi, combien de fois dois-je lui pardonner ? Jusqu'à sept fois ?* »
> *Jésus lui répondit :*
> « *Je ne te dis pas jusqu'à sept fois mais jusqu'à soixante-dix fois sept fois.* »
> Mt 18,21-22

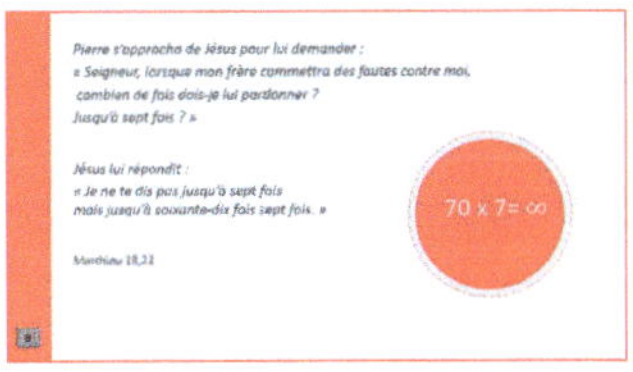

« **César** : Tu mets un tiers de curaçao. Fais attention : un tout petit tiers... Bon. Maintenant, un tiers de citron. Un peu plus gros. Bon. Ensuite, un BON tiers de Picon. [...] Et à la fin, un GRAND tiers d'eau. Voilà.

Marius : Et ça fait quatre tiers.

César : Exactement. [...]

Marius : Dans un verre, il n'y a que trois tiers.

César : Mais, imbécile, ça dépend de la grosseur des tiers ! »

Marcel Pagnol, *Marius*

Les deux doivent faire l'objet d'une démarche de pardon, car le mal, même s'il n'est pas du même ordre, a causé une blessure.

Dans les disputes, les responsabilités sont souvent partagées, mais nous avons vite fait de nous autoproclamer victime innocente de l'autre. Comme le disent nos politiciens à tout bout de champ : « *il faut que chacun prenne ses responsabilités !* » Il faut également que chacun ouvre son cœur... La question de fond n'est pas de savoir qui a tort, qui a raison mais, ensemble, de chercher la vérité et de vouloir progresser.

Le constat du pape François : « *Quand on a été offensé ou déçu, le pardon est possible et souhaitable, mais personne ne dit qu'il est facile !* » (Pape François, *Amoris laetitia (La Joie de l'amour)*, n° 106)

Demander pardon

| 10 | https://www.youtube.com/watch?v=U6-wLoVvNXY (minutes 2:45 à 3:40) **Demander pardon est un acte difficile** qui suppose d'appliquer la règle des quatre tiers (un peu adaptée), chère à Marcel Pagnol :

- **| 11 |** Un tout petit tiers de **lucidité et d'humilité** pour se reconnaître pécheur, reconnaître ses responsabilités. Le premier ennemi de l'amour et du pardon est l'orgueil qui nous pousse à la mauvaise foi, au déni, à l'accusation, à la justification etc. **L'amour a besoin de justice et de vérité.** « *Amour et vérité se rencontrent, justice et paix s'embrassent.* » (Ps 84,11)

- **| 12 |** Un tiers **de courage** pour exprimer ses torts et demander pardon, pour vouloir progresser dans le bien.

- **| 13 |** Un BON tiers **d'intelligence du cœur et d'empathie** pour se mettre à la place de l'autre et comprendre ce qu'il ressent, regretter de l'avoir blessé, chercher à réparer, autant que possible.

- **| 14 |** Un GRAND tiers **de tendresse.**

Accueillir des excuses et accorder un vrai pardon

Pardonner en vérité est aussi **un acte difficile !** Pour un vrai pardon, sincère et durable, la recette est très semblable. Compter aussi quatre tiers :

- **| 15 |** **Un tout petit tiers de lucidité et d'humilité** pour, pour se reconnaître soi-même pécheur. Cela rend indulgent pour les fautes des autres... « *Quoi ! tu regardes la paille dans l'œil de ton frère, et la poutre qui est dans ton œil, tu ne la remarques pas ?* » (Mt 7,1-3)

- **| 16 |** **Un tiers de courage et de volonté**. Le pardon est un choix et un chemin. Il est des offenses que nous mettrons du temps à pardonner, des pardons héroïques que nous ne pourrons donner en vérité qu'avec l'aide du Seigneur. Ce qui importe, alors, c'est ce choix du pardon, cette prière toute simple : « *Seigneur, je n'arrive pas à pardonner, aide-moi !* » Quand on n'a pas la force de pardonner, on peut avoir celle de faire un pas, même tout petit, pour commencer le chemin. Pas à pas, on avancera doucement mais sûrement. Le secret des pardons impossibles, c'est l'abandon à Dieu, la confiance en sa miséricorde à Lui : « *Seigneur, donne-moi le désir d'avoir le désir de pardonner.* »

“

« *Soyez miséricordieux comme votre Père est miséricordieux. Ne jugez pas, et vous ne serez pas jugés : ne condamnez pas, et vous ne serez pas condamnés. Pardonnez, et vous serez pardonnés.* »

Lc 6,36-37

- **|17| Un BON tiers de générosité, de grandeur d'âme et d'intelligence du cœur** pour comprendre ce que vit l'autre, renoncer à la rancune, à la vengeance et accueillir le pardon demandé avec simplicité, sans jouer les victimes. Soyons « *miséricordieux comme le Père* » (Lc 6,36), c'est-à-dire sans condition, sans retard, sans chercher à humilier, manipuler ou punir l'autre. Dieu nous pardonne toujours, il est toujours prêt à nous proposer un chemin pour revenir vers lui. Il nous demande de faire de même.

- **|18| Un GRAND tiers de tendresse et de joie.**

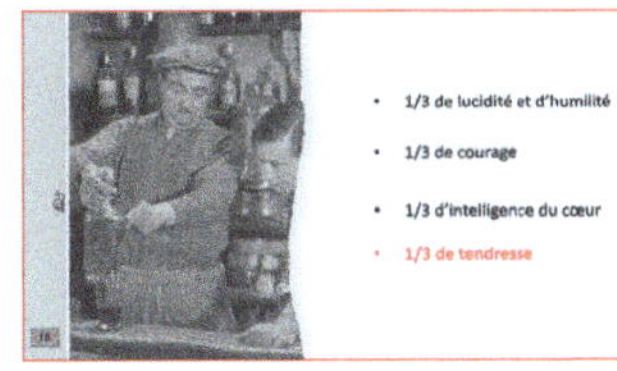

Les petits conseils du pape François

- **|19| Prendre de bonnes habitudes**

Le pardon, c'est comme le sport, plus on pratique, meilleures sont les performances ! Se demander pardon est une bonne habitude à prendre, en s'exerçant pour les petites offenses, quand cela ne coûte pas trop cher – ce sera précieux quand l'offense sera plus grave.

- **|20| Faire le premier pas**

D'où nous vient cette idée étrange que c'est à l'autre de faire le premier pas ? ! Et comment faire ce premier pas ? En posant un acte d'amour concret : parler à l'autre, rendre un petit service ou en demander un, faire un geste gentil, renoncer à bouder etc.

Un tout petit pas pour la personne mais un grand pas pour le couple ! **Savoir faire la paix** est essentiel : apprenons à clore nos désaccords, pour ne pas laisser les situations pourrir sur pied. Une fois l'offense pardonnée, on ne revient pas dessus.

> « Et comment dois-je faire la paix ? Me mettre à genoux . Non ! Seulement un petit geste, une caresse. »
>
> Pape François, *Amoris laetitia* (*La Joie de l'amour*), n° 104

- **|21| Prendre la mesure du temps**

Le pardon n'est pas un coup de gomme, mais un chemin de libération, un processus de guérison qui demande du temps (entre une minute et cinquante ans). Quand on a du mal à pardonner, que l'on est en chemin mais encore un peu loin de l'arrivée, on peut poser de petits actes d'amour qui sont autant de pas vers le pardon. N'attendons pas d'avoir pardonné pour faire du bien à celui qui nous a offensé. La paix intérieure est le signe que nous avons pardonné.

- **|22| Ne jamais se disputer en public**

Exprimer et résoudre les désaccords sans témoins. Interdiction de se disputer devant les enfants, de leur faire porter le poids de nos désaccords. Pas de disputes en public, ni de prise d'otage : interdiction de prendre les autres à témoin.

> « Quand les parents se disputent, les enfants souffrent, souffrent. Ne vous disputez jamais devant les enfants, jamais. »
>
> Pape François, Rencontre avec les parents d'enfants baptisés en 2016, le 15 janvier 2017

- **|23| Rester dans la gratuité du pardon**

Le pardon ne se négocie pas : ce n'est ni un marché âprement négocié, ni une concession, mais un cadeau parfaitement gratuit. Pas de chantage !

« Que le soleil
ne se couche pas
sur votre colère. »
Ep 4,26

- **24 | Garder un regard bienveillant sur l'autre**

  Ne réduisons pas la personne à ses actes. Elle est toujours plus grande que ce qu'elle a pu faire.

- **25 | Terminer la journée sur une parole de paix**

- **26 | S'appuyer sur le Dieu qui pardonne**

  Scellons le pardon devant le Dieu de miséricorde, « lent à la colère et plein d'amour », en priant un Notre Père ensemble devant une icône. « *Pardonne-nous nos offenses comme je pardonne aussi à Marcel(le) qui m'a offensé(e).* » Rappelons-le : le sacrement de mariage n'est pas une assurance-tous-risques mais une assurance-assistance ! Dieu sera toujours à nos côtés pour nous aider à surmonter les crises et à pardonner. Dieu ne s'impose jamais, il faut aller le chercher, le prier à deux, lui demander la lumière de l'Esprit Saint, lui demander sa force et sa patience pour aimer comme lui aime : totalement, gratuitement, sans condition.

Les petits conseils du pape François

- Prendre de bonnes habitudes
- Faire le premier pas
- Prendre la mesure du temps
- Ne jamais se disputer en public
- Rester dans la gratuité du pardon
- Garder un regard bienveillant sur l'autre
- Terminer sa journée par une parole de paix
- **S'appuyer sur le Dieu qui pardonne**

26

SÉQUENCE 2

Temps de méditation : le fils prodigue

Prenons, par petits groupes, un vrai temps de méditation autour de l'Évangile du fils prodigue.

27 Évangile selon saint Luc (Lc 15,11-32)

À lire dans une belle Bible épaisse !

Quelques pistes de réflexion

- **Le père** ne serait-il pas le personnage principal de cette parabole ? Image du Père céleste, il est patient, fidèle et miséricordieux. Son amour est inconditionnel, il donne le meilleur à chacun, y compris à celui qui le quitte et trahit son amour. Il laisse son fils partir, il attend son retour mais ne s'impose pas : Dieu nous laisse toujours libres. La générosité du père a de quoi surprendre : il sait que son fils va dilapider ce qui lui a été donné (ses talents, par exemple) mais il place sa liberté au-dessus de toute autre considération.

- Pendant des années, **le fils cadet** a vécu dans la maison de son père, entouré d'amour (cf. Adam et Ève dans le jardin d'Éden). Il décide de prendre son indépendance, il veut son autonomie (aux frais de papa, quand même !) : c'est le péché originel. Il part loin de son père – le péché nous coupe de Dieu. Demander sa part d'héritage, n'est-ce pas le considérer comme mort ? Son ingratitude n'est-elle pas choquante ?

  Le fils ? Cela pourrait être chacun d'entre nous. Ébloui par la société de consommation, les plaisirs faciles etc., le fils cadet dilapide son bien – d'où son surnom de « **fils prodigue** », c'est-à-dire follement dépensier – mais sa joie, superficielle, sera de courte durée. Il a faim, ses besoins vitaux ne sont pas satisfaits : il a faim d'amour – loin de Dieu, on dépérit, on est dans le dénuement le plus complet. Acculé, il se nourrit comme les porcs : il est avili, il a perdu sa dignité d'enfant de Dieu. Pour demander pardon, pour revenir vers le Père, il faut faire cette expérience spirituelle du manque. Le fils va revenir chez son père, se convertir au sens propre du terme : il fait demi-tour et revient sur ses pas, pour manger à sa faim. Il est poussé par la nécessité – loin de Dieu, nous sommes réellement dans le besoin – mais sa démarche est pleine d'humilité. Humilié, il est devenu humble. Il a réfléchi, opéré un retour sur lui-même, eu le courage de faire le bilan de son aventure et d'en tirer des conclusions courageuses. Bien plus, son cœur est plein d'un sincère repentir. « *Je ne mérite plus d'être appelé ton fils* » : il aurait raison si l'on s'en tenait à une logique comptable mais cette logique-là n'est pas celle du père. Le Salut ne se mérite pas, il est donné à qui s'en saisit. Dieu nous donne tout, gratuitement, sans compter.

- **La joie du père** est touchante. Il attendait son fils, il le guettait. Dieu ne se résigne pas à nous savoir loin, il attend notre retour. Le père lui passe un anneau au doigt (il refait alliance avec le pécheur) et fait une grande fête – le Royaume des cieux est souvent comparé à une fête, à un banquet de noces. Le père se réjouit, car « *il y aura de la joie dans le ciel pour un seul pécheur qui se convertit, plus que pour quatre-vingt-dix-neuf justes qui n'ont pas besoin de conversion* ». (Lc 15,7)

Revenir vers le Père, se jeter dans ses bras le cœur plein de repentir, n'est-ce pas cela, le sacrement de réconciliation ? Le pardon demandé et reçu change nos haillons en habits de fête, notre cœur est renouvelé. Dieu ne se lasse pas de nous pardonner.

SÉQUENCE 3

Vivre le pardon

Nos objectifs

- Aider les fiancés à réaliser à quel point ils ont **besoin de pardonner et d'être pardonnés**.
- Les aider à **saisir l'incroyable grâce qui nous est offerte par le sacrement du pardon et de la réconciliation**. Un court témoignage sur la joie qu'il y a à recevoir ce sacrement peut être très bienvenu...
- Leur donner l'occasion de faire une ou plusieurs **démarches de pardon**.

1. LE SACREMENT DU PARDON ET DE LA RÉCONCILIATION

Cette courte introduction au pardon sacramentel est faite par un prêtre, avec, bien entendu, ses mots à lui ! Les éléments proposés ci-dessous sont des palliatifs à n'utiliser qu'en cas d'extrême nécessité – si nous nous débrouillons bien, entre le conseiller conjugal et le prêtre, nous n'aurons finalement plus qu'à régler les micros et à allumer les bougies.

Le pardon ? Une grâce !

Une des grâces de la Rédemption, infusée dans le sacrement de mariage, est de **pouvoir compter sur la force de l'amour du Christ pour pardonner et demander pardon autant que nécessaire.** Jésus l'a bien souvent dit à ses disciples : le pardon est une exigence de l'amour, une manière d'en vérifier la solidité, la vérité. Il nous demande de pardonner « *jusqu'à soixante-dix fois sept fois* », c'est-à-dire sans limite.

Le sacrement du pardon et de la réconciliation est un cadeau ! Dieu nous fait cadeau de son pardon ! Pour lui, rien n'est impardonnable. Mais le pardon de Dieu, comme le pardon humain, demande que nous fassions le premier pas, que nous soyons prêts à faire la vérité sur nous-mêmes.

Le pardon ? Une nécessité !

Nous sommes tous pécheurs, nous avons tous besoin du pardon de Dieu et des autres. Le péché, c'est concret : mensonge, malhonnêteté, vol, calomnie, paroles humiliantes, violence, méchanceté, impatience, rancune, jalousie, colère, égoïsme, égocentrisme, manque de respect, blasphème, injure... Comment prétendre que je n'ai jamais offensé Dieu, mon prochain ou moi-même ? En pensée, en parole, par action et par omission, les quatre formes du péché nous laissent bien des occasions de dérapage...

Le pardon ? Un sacrement !

Le péché est un choix contre l'amour. Lorsque nous demandons le pardon de Dieu, nous rechoisissons d'aimer, nous lui demandons sa force pour y arriver. Le sacrement du pardon et de la réconciliation restaure la relation : Dieu nous accueille à bras ouverts, il nous pardonne tous nos péchés gratuitement, sans autre condition que la sincérité de notre repentir, la vérité de notre confession et la volonté de ne pas recommencer et de réparer ce qui peut l'être. Le sacrement du pardon et de la réconciliation est un signe de son amour, de sa miséricorde.

Nous avons parfois un peu peur de nous confesser. Soyons bien clairs : le prêtre ne va pas nous juger, il nous accueille au nom du Christ, avec les dispositions de cœur du Christ. Le prêtre est le serviteur fidèle du pardon de Dieu : les mains étendues au-dessus de nos têtes sont celles du Christ qui nous redonne tout son amour.

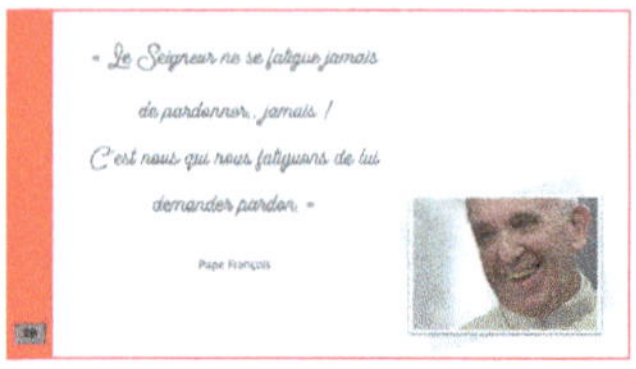

| 28 | ***« Le Seigneur ne se fatigue jamais de pardonner, jamais ! C'est nous qui nous fatiguons de lui demander pardon. »*** (Pape François, *Evangelii gaudium (La Joie de l'Évangile)*, n° 3)

Oui, nous recommencerons à pécher, et nous aurons à nouveau besoin du pardon de Dieu : notre vie est faite de chutes et de relèvements, de pardons qui nous aident à progresser. Ne nous décourageons pas : un pas après l'autre, nous avançons…

2. Aimer, c'est pardonner

| 29 | *Les fiancés sont d'abord invités à prendre un temps de réflexion personnelle, guidés par le Livret des fiancés.*

| 30 à 41 | *Nous allons à présent proposer aux fiancés* plusieurs démarches de pardon. *Une partie des animateurs* assure, *en arrière-plan, une animation très discrète – versets bibliques lus et projetés sur l'écran, chants doux et méditatifs.*

- *Les prêtres présents proposent* **le sacrement du pardon et de la réconciliation**.
- *Une chapelle latérale peut être dédiée à l'***adoration** *(il faudra, dans ce cas, introduire cette belle démarche pour en expliquer le sens aux fiancés). Ne sous-estimons pas la capacité des fiancés à vivre ce face-à-face avec Jésus… Le seul risque ? Qu'ils fassent une vraie rencontre avec lui – le jeu en vaut la chandelle !*
- *Une partie des couples accompagnateurs se met à la disposition des fiancés pour* **un temps d'écoute**. *Si les questions soulevées le nécessitent, prenons rendez-vous pour approfondir, plus tard, le point qui demande à l'être.*
- *Un ou plusieurs binômes de fidèles formés à ce service proposent la* **prière des frères**. *Les fiancés sont invités à leur confier un pardon à échanger, en se tenant la main. Chacun à son tour pourra évoquer simplement ce qu'il a dans le cœur, sans rentrer dans les détails, mais avec la volonté d'entamer un vrai chemin de pardon.*
- *Les fiancés peuvent également prendre un temps pour* **s'écrire mutuellement une lettre** *pour s'ouvrir l'un à l'autre, demander pardon ou exprimer une blessure. Déposées au pied de l'autel, les lettres seront confiées au Seigneur et à l'intercession de tous.*
- *Les fiancés peuvent* **échanger des pardons en suspens sous le regard de Marie**, *humblement, sereinement, sans accuser, sans chercher à se justifier ni à avoir raison. Il s'agit « juste » de prendre acte du mal fait à l'autre et d'en demander pardon avec sincérité.*
- *Chaque couple est invité à* **allumer une bougie** *à l'un des cierges de l'église pour signifier sa volonté de rester animé par cet esprit de pardon et de réconciliation, d'amour et de paix.*

Ce temps se termine par une **démarche devant l'autel**. *Main dans la main, les fiancés s'avancent vers le Christ et posent à ses pieds leur bougie (et, éventuellement, une lettre).*

Le prêtre les bénit un par un. Tous réunis autour de l'autel, nous prions le Notre Père et recevons une bénédiction finale.

Invitons les fiancés à sortir en silence après avoir fait un beau signe de croix au pied de l'autel. Ceux qui le désirent peuvent rester devant le Saint-Sacrement exposé.

Notes

MODULE 8

Préparer la célébration

La préparation de la célébration est habituellement assurée par le célébrant lors de rendez-vous en tête-à-tête avec les fiancés. La plupart d'entre eux sont peu au fait des rites et la liturgie leur paraît obscure. Cette rencontre permet de **défricher le terrain et de les rassurer**. Visiter une église – quand bien même ce ne serait pas celle prévue pour le jour J – leur permet de se familiariser avec les lieux. Prenons le temps de nous renseigner sur l'église visitée (les dates principales de son histoire, les caractéristiques architecturales, les saints et scènes bibliques représentées sur le porche, le prénom et le poids des cloches etc.). Attention, cependant : résistons fermement à la tentation de la visite guidée à caractère historique ou architectural ! Sachons mettre quelques détails en lumière, mais restons focalisés sur notre objectif : préparer la célébration.
La première partie de la rencontre sera donc gyrovague : nous évoquerons les différents moments de la célébration là où ils se dérouleront, en faisant une sorte de révision générale de ce qui a été évoqué au cours la préparation au mariage. Cette rencontre étant dans l'église, elle ne comporte pas de présentation PowerPoint.

Nous terminerons par un temps de réflexion sur l'après-mariage : le sacrement n'est qu'une étape de l'aventure, nous avons bien souvent dit au cours de ce temps de préparation au mariage. Reste à savoir **comment, concrètement, vivre la vie commune avec le Christ** !

Cette rencontre clôt un parcours dense. Nous pouvons la prévoir un samedi soir ou un dimanche matin, avant la messe paroissiale, et proposer aux fiancés d'y assister avec nous pour rendre grâce tous ensemble pour le beau chemin parcouru.

Prévoyons ensuite un vrai moment festif, que nous pouvons éventuellement organiser avec les mouvements familiaux ou les groupes d'évangélisation de la paroisse. Profitons de l'occasion pour présenter diverses initiatives paroissiales susceptibles de tenter les jeunes mariés, préparons des jeux à faire en équipe etc. Soyons créatifs, accueillants, joyeux et chaleureux ! Et pour finir en beauté, pourquoi ne pas clore le tout par un temps de louange ?

LE PROGRAMME...

1. *Visiter l'église*
2. *Préparer la célébration*
3. *Vivre les grâces du sacrement de mariage*

SÉQUENCE 1

Visiter l'église

Notre objectif

Apprivoiser les lieux pour que les futurs mariés en saisissent mieux le **sens et la beauté**.

Nous débutons notre visite à l'extérieur, sur le parvis.

Église ou église ?

L'**é**glise avec un petit « e » désigne un bâtiment. C'est le lieu où se ressemble l'**É**glise avec un grand « E », la communauté des croyants, la famille des chrétiens.

L'église où nous nous trouvons est, tout à la fois :

- **Un lieu** qui a une histoire (celle de la communauté chrétienne, des familles qui ont vécu ici les étapes importantes de leur vie) - parfois même, **un monument historique.**
- **Un lieu sacré** : Dieu y fait sa demeure, il est là !
- **Un lieu vivant, une maison de famille**, la nôtre, celle des enfants de Dieu, qui s'y retrouvent pour célébrer, prier, chanter.
- **Un lieu chargé de signes.** Architecture, mobilier, œuvres d'art etc., tout a un sens.

Signe de la présence de Dieu au milieu des hommes, l'église est ***au cœur*** des villes et des villages, comme Jésus est au cœur de nos vies. Elle est habituellement ***orientée, c'est-à-dire tournée vers l'Orient*** (l'est), point cardinal où le soleil se lève : ressuscité le matin de Pâques, le Christ est le soleil levant, le soleil qui ne se couchera pas. Lumière du monde, il a vaincu les ténèbres !

Regardons un instant ***la façade***. Le Christ, la Vierge, les anges et les saints qui la peuplent nous accueillent : vivants dans le Royaume des cieux, ils nous en montrent le chemin du ciel, tout comme ***le clocher***, flèche pointée vers le ciel, qui nous invite à regarder « plus haut ».

Depuis des siècles, ***les cloches*** rythment le temps, appellent à prier, annoncent joies et catastrophes, fêtent les nouveaux baptisés et les nouveaux mariés, pleurent les morts. Elles sont un peu considérées comme des membres de la communauté. Baptisées, elles ont un prénom et un parrain ou une marraine ! À la sortie de chaque mariage, les cloches de l'église sonnent à toute volée pour faire partager la joie des nouveaux époux et de leur famille à tout le voisinage.

Ce qui frappe, lorsqu'on rentre, c'est ***la dynamique de l'espace*** : longueur de la nef, largeur du transept, verticalité et hauteur des voûtes… Quelle que soit la taille de l'église, elle est à la fois un lieu grand ouvert pour accueillir largement et un lieu intime, un lieu qui a **une âme :** lieu de la présence de Dieu, lieu où ses enfants viennent à lui, lieu du repas de famille (eucharistie), des pardons échangés (sacrement du pardon et de la réconciliation), des baptêmes, des mariages, du dernier adieu, de la prière partagée, elle est véritablement habitée – et cela se sent. Chargée de nos histoires familiales (nos aïeux y ont été baptisés, mariés etc.), cette maison, c'est aussi la nôtre !

La lumière colorée qui se déverse habituellement à travers *les vitraux* le proclame : **Dieu, on ne le voit pas mais on voit sa lumière,** notamment à travers les mystères de la vie de Jésus souvent représentés sur les vitraux. Certains représentent aussi les saints qui ont marqué l'Église et auxquels les chrétiens sont attachés.

Les tableaux évoquent également l'histoire sainte. Chose remarquable, s'il est représenté, **on reconnaît toujours Jésus** au premier coup d'œil : son auréole est cruciforme (elle contient une croix) et ses traits nous sont familiers, il a toujours et partout été représenté plus ou plus de la même manière. Vrai homme, il avait un visage particulier, reconnaissable entre tous par les chrétiens.

Le bénitier, à l'entrée, nous invite à faire **un signe de croix** en mémoire de notre baptême. En entrant dans une maison, on salue le maître des lieux. Commençons donc par un beau signe de croix, puis inclinons-nous devant l'autel. Lorsque nous passerons devant le Saint-Sacrement, nous nous arrêterons un instant, à genoux, devant le Christ réellement présent dans l'eucharistie.

La croix **est le signe des chrétiens**, de l'amour du Christ qui a donné sa vie sur la croix pour nous sauver.

Dans une église, il y a des croix partout ! L'église elle-même est généralement en forme de croix. Sur les piliers (ou sur les murs), douze petites croix peintes rappellent les douze onctions effectuées lors de la consécration de l'église. Quatorze tableaux ou croix accrochés sur les murs tout autour de l'église retracent le chemin de croix suivi par Jésus lors de sa Passion et de sa mort à Jérusalem.

Souvent, près de l'entrée, se trouve *le baptistère* : on « entre » dans l'Église, dans la famille des enfants de Dieu par **le baptême.** On cheminera, sa vie durant, vers le Christ.

La nef représente notre chemin vers Dieu – on la « remonte » jusqu'à *l'autel*, qui représente le Christ. Toute la vie du chrétien est cheminement vers lui depuis le baptême jusqu'à la vie éternelle.

Sur le chemin de la vie chrétienne, nous ne sommes pas seuls. Il y a **les anges et les saints** (*les statues*, l'Église invisible), **les frères** (*les fidèles et les invités du mariage assis dans la nef*, l'Église visible), **les prêtres et les diacres,** bref, *l'Église avec un « E »,* c'est-à-dire toute la communauté des croyants.

« Carte d'identité du chrétien », le signe de croix marque le début de toutes nos célébrations. Nous sommes réunis « au nom du Père, du Fils, et du Saint-Esprit ».

Tous nous accompagnent vers le Christ : anges, saints, prêtre, invités, il y en a du monde à chaque messe, à chaque mariage !

Sur le chemin, nous ne sommes pas toujours au top, nous sommes tous de pauvres pécheurs. Mais Dieu nous pardonne, son cœur est plus grand que notre péché : ***les confessionnaux*** sont le lieu du pardon**, là où l'on vient mettre sa tête contre le cœur de Jésus** pour lui demander son pardon. Le sacrement du pardon et de la réconciliation est un trésor de la foi.

À la croisée de la nef et des transepts, nous voici dans **le *chœur***, lieu sacré entre tous, où l'on proclame la parole de Dieu et où l'on célèbre l'eucharistie.

Juste à l'entrée du chœur, ***l'ambon*** est le lieu où l'on proclame **la parole de Dieu.**

Au cœur du chœur ***l'autel*** représente le tombeau du Christ, lieu de la Résurrection, du passage de la mort à la vie, mais aussi la table du repas qui rassemble les fidèles.

Cet autel est sacré : c'est là que l'on célèbre l'eucharistie, le grand trésor des chrétiens, « source et sommet de la vie chrétienne ». À chaque eucharistie, l'Église célèbre la mort et la résurrection de Jésus qui se donne aux hommes. Il ne s'agit pas seulement d'évoquer le passé : **Jésus est vraiment là, présent dans l'hostie.** C'est par les paroles que Jésus a prononcées lors de son dernier repas avec ses disciples que le prêtre (qui agit « en la personne de Jésus ») consacre le pain et le vin, qui deviennent Corps et Sang du Christ. En communiant au corps et au sang du Christ, nous communions à son amour. Le mot « communion » est important, nous l'employons pour signifier notre lien avec le Christ qui se donne à nous dans l'eucharistie, ainsi que pour qualifier le lien qui nous unit lorsque nous nous aimons en vérité : toute « communion », y compris celle des époux, trouve sa source dans l'eucharistie.

Le tabernacle contient la réserve eucharistique, c'est-à-dire les hosties consacrées destinées à être consommées. La lumière rouge indique la présence vivante et réelle du Christ.

SÉQUENCE 2

Préparer la célébration

Notre objectif

Expliquer la célébration dans l'église, pour que les fiancés se familiarisent avec le rituel du mariage, qu'ils en saisissent mieux **le sens et la beauté**, afin d'être, le jour J, plus à l'aise avec la liturgie et plus profondément conscients de la grandeur de leur engagement.

La célébration du mariage, c'est un peu comme un devoir de philo pour le bac : une bonne introduction, deux grandes parties bien structurées (parfois trois, si l'on célèbre également l'eucharistie) et une belle conclusion !

1. LE SEIGNEUR NOUS ACCUEILLE *LE RITE D'ACCUEIL*

Accueil

Revenons un bref moment sous le porche.

Le prêtre accueille les futurs époux sous le porche, au nom de toute la communauté et aussi au nom du Christ qui les reçoit en sa maison. « ***L'Église prend part à votre joie*** » (*Rituel romain de la célébration du mariage,* n° 45, 49, 135, 139) : le mariage n'est pas un acte isolé qui ne concerne que deux individus, mais un événement de l'histoire du Salut qui réjouit toute l'Église. Il est public (les portes restent ouvertes).

Procession et chant d'entrée

Remontons, ensemble, la nef.

Comme les pèlerinages, les processions symbolisent notre marche vers le royaume de Dieu. Précédés du célébrant, les fiancés s'avancent confiants vers le Christ. On entre dans l'église, mais aussi dans la célébration, c'est le moment de se centrer pleinement sur le moment présent, pour vivre avec intensité le sacrement à venir.

Nous voici arrivés dans le chœur.

Les fiancés prennent place devant l'autel. Ils ne tournent pas le dos à leur famille ! Ils sont, avec l'assemblée qui les accompagne, tournés vers le Christ qui se donne à eux. Ils prononceront leur consentement sous son regard.

Accueil du célébrant

Le célébrant accueille, au nom du Christ, les fiancés et ceux qui les accompagnent. **Un beau signe de croix** le confirme : c'est bien « *au nom du Père, du Fils et du Saint-Esprit* » que tous sont réunis ! Enveloppés de l'amour de Dieu, les fiancés signifient par **un « amen »** clair qu'ils croient que Dieu les aime. Dire « amen », c'est poser un acte de foi.

Prière d'ouverture

Introduite par un court temps de silence pendant lequel chacun présente au Seigneur les intentions qu'il porte, la prière d'ouverture permet de les rassembler et de les présenter au Seigneur.

Prions le Seigneur !
Par ces quelques mots, le célébrant signifie qu'il s'adresse directement à Dieu. C'est généralement le signe qu'il faut se mettre debout si on ne l'est pas déjà !

2. Le Seigneur nous parle
La liturgie de la Parole

Faisons asseoir les fiancés dans les premiers rangs.

Montons à l'ambon, où une Bible est déposée. La Bible est la parole de Dieu : elle est pour nous, cette Parole ! À travers ces textes, Dieu lui-même nous parle, aujourd'hui. Il nous dit tout son amour, sa joie de voir l'histoire d'amour des fiancés s'inscrire dans l'histoire d'amour qui le lie aux hommes.

Trois textes bibliques (dont au moins un doit clairement évoquer l'amour conjugal ou le mariage), seront lus lors de la célébration. Que chacun des fiancés, chacun des couples prenne le temps de se plonger dans la parole de Dieu, pour choisir des textes qui le touchent ! Ce choix dit quelque chose de leur foi, de ce qu'ils ont dans le cœur. Le célébrant approfondira avec eux les textes choisis.

Des textes non bibliques, même très beaux et profonds, ne peuvent remplacer la parole de Dieu, elle est inestimable !

Demandons aux fiancés de choisir des lecteurs expérimentés pour la première lecture, le psaume, la prière universelle. Il est bon qu'ils aient le texte à l'avance afin, qu'ayant bien compris le texte, ils soient à même de le transmettre clairement.

L'Église demande que les lecteurs soient baptisés.

Première lecture

Elle est tirée de l'Ancien Testament ou d'une lettre du Nouveau Testament (sauf des Évangiles). Elle nous parle de l'alliance entre Dieu et les hommes, de l'amour de Dieu.

Psaume

Ces 150 prières et poèmes de l'Ancien Testament chantent la grandeur de Dieu, sa puissance, sa bonté. Ils disent la joie et la tristesse, la souffrance et l'espérance, la peur et la confiance, la louange, la supplication et l'action de grâce, la soif de vérité, de justice, de paix qui habitent le cœur des hommes. Ces très anciennes prières nous touchent par leur étonnante actualité, leur faculté à exprimer ce que nous avons, nous aussi, dans le cœur. En choisissant le psaume de la célébration du mariage, posons-nous la question suivante : *Que voulons-nous dire à Dieu ? Quel psaume exprimera le mieux ce que nous ressentons au plus profond ?* Le psaume peut être lu ou chanté (tout ou en partie).

« **Alléluia** » est un cri de joie, une acclamation qui signifie « louez Dieu ». Ce chant de joie introduit la proclamation de l'Évangile.

Évangile

Cœur du cœur de la Bible, l'Évangile est aussi le cœur de la liturgie de la parole. Le mot « évangile », en grec, signifie : « bonne nouvelle ». La Bonne Nouvelle, c'est que Jésus a donné sa vie pour nous sauver ! Lorsque le célébrant proclame l'Évangile, ce sont les gestes, les mots de Jésus lui-même qui résonnent dans l'église, ses paraboles, ses enseignements, qui retentissent dans notre cœur !

En choisissant un Évangile pour leur mariage, les fiancés mettent en lumière une parole de Jésus qui les touche plus particulièrement. Ils ont l'impression qu'elle est dite pour eux ? Mais oui ! Jésus leur parle, à eux, aujourd'hui.

Homélie du célébrant

Le célébrant commente ensuite les textes choisis, montrant notamment comment ils nous rejoignent dans notre vie de tous les jours.

3. Le Seigneur nous unit
La célébration du sacrement de mariage

Profession de foi (facultative)

Prendre appui sur la foi de l'Église, proclamer sa confiance en Dieu avant de s'engager devant lui est une belle manière d'introduire la célébration du sacrement de mariage. Celui-ci, en effet, n'a de sens et ne sera « efficace » que s'il est reçu dans la foi.

Dialogue initial

Avant que les fiancés ne s'engagent définitivement l'un envers l'autre, le célébrant leur pose une dernière fois les questions cruciales ! Chacun répond séparément. *Vous engagez-vous librement et sans contrainte ? Êtes-vous prêts à vous aimer et vous respecter toute votre vie ? À accueillir les enfants que Dieu vous donne et à les élever dans la foi ? À assumer votre mission de chrétiens dans le monde et dans l'Église ?* Nous les avons reconnus, bien sûr, ce sont les quatre piliers du mariage !

Échange des consentements

Le célébrant invite les fiancés à se donner la main.

L'un après l'autre, ils prononcent les mots qui les uniront pour la vie. Ils exprimeront leur volonté de se consacrer l'un à l'autre (il est très fort, ce verbe « consacrer » : on l'utilise aussi pour l'eucharistie => On consacre le pain et le vin qui deviennent corps et sang du Christ, on se donne l'un à l'autre comme le Christ Époux se donne à l'Église, son Épouse).

L'échange des consentements est salué par un **refrain d'action de grâce.**

Bénédiction et remise des alliances

Le célébrant demande au Seigneur de **bénir les alliances** que les époux vont échanger, elles seront le signe de leur amour et de leur fidélité. Les alliances témoigneront publiquement de leur engagement – quiconque regardera leur main gauche saura qu'ils sont mariés. Elles rappelleront aux époux que Dieu a fait alliance avec eux, qu'ils peuvent compter sur lui : il tient ses promesses… et les aidera à tenir la leur ! Les alliances se portent à l'annulaire gauche (ainsi nommé parce qu'il porte l'anneau), du côté du cœur (les Orientaux affirment qu'à ce doigt arrive la « veine du cœur »). C'est l'époux qui la remet en premier.

Bénédiction des époux

Les fiancés sont devant l'autel, le prêtre impose les mains au-dessus de leurs têtes. C'est l'autre « grand » moment de la célébration.

Par l'échange des consentements, les fiancés ont exprimé leur volonté de se consacrer l'un à l'autre. Par la bénédiction des époux, c'est Dieu qui les consacre, qui bénit leur union et leur future vie conjugale. Il leur donne son Esprit Saint pour les aider à construire leur foyer, élever leurs enfants et

Le mariage est un acte public : aux côtés du prêtre ou du diacre, les témoins attestent que les consentements ont été librement échangés devant eux. Leur signature dans le registre paroissial fait foi. Proches des futurs époux, ils sont à leurs côtés pour ce grand moment, ils le seront également plus tard dans les joies et les épreuves. Même s'il n'est pas nécessaire qu'ils soient baptisés, cela a tout de même plus de sens. Il est bon, également, qu'ils mènent une vie en accord avec ce que les futurs époux veulent vivre.

rayonner d'amour. Tous s'unissent à la prière du célébrant qui invoque l'Esprit Saint afin qu'il guide les nouveaux époux, fortifie leur amour, en fasse des disciples du Christ et des témoins de l'amour de Dieu, les bénisse et les garde sous son aile.

La bénédiction des époux peut s'achever par un **chant de louange.**

4. Le Seigneur nous écoute

Prière des époux

La première prière en tant qu'époux ! Ils peuvent en choisir une en « prêt-à-porter » ou la composer eux-mêmes. Qui, mieux qu'eux, peut exprimer ce qu'ils ressentent ? Dire leur joie et confier leurs intentions pour le chemin qui s'ouvre ?

La prière universelle

Elle élargit notre prière aux dimensions du monde, elle élargit aussi nos cœurs : tous s'associent aux grandes intentions de l'Église et aux intentions particulières des nouveaux époux et de leurs familles.

Notre Père

Le Christ lui-même nous a enseigné cette prière, elle nous relie à tous nos frères chrétiens. Cette prière fondatrice de notre foi nous a été transmise par les Apôtres, par l'Église, par nos parents. Les nouveaux époux la transmettront à leur tour à leurs enfants.

5. Le Seigneur nous envoie *Le rite de conclusion*

Consécration à Marie (facultative)

La Vierge Marie, mère de Jésus Christ, a toujours dit « oui » à Dieu. Sur la croix, Jésus nous l'a donnée pour mère, et les chrétiens aiment se confier à sa prière, se mettre sous sa protection. Marie nous conduit à son Fils, le Sauveur. Sa statue est souvent en bonne place dans le chœur, car la Vierge Marie a aussi une place privilégiée dans notre cœur ! **Marie qui était à Cana, est présente à chaque mariage.** Les nouveaux époux peuvent lui consacrer leur amour, leur couple, leur vie par une prière toute simple, et lui offrir un joli bouquet ou un cierge.

Bénédiction finale

Le célébrant bénit toute l'assemblée, car Dieu est proche de tous ceux qui sont là, il aime chacun d'un amour infini. Dieu a béni l'amour des nouveaux époux, il les envoie en mission.

Quelle mission ? Être témoins de l'amour de Dieu pour les hommes, de sa présence vivante dans notre monde, à travers les grands et petits événements de la vie quotidienne. Leur mission est de s'aimer de telle sorte que, lorsqu'on les voit, on se dise : « Il y a quelque chose de grand dans cet amour-là ! » Grande et belle mission !

« L'envoi » n'est donc pas une fin, mais le début d'une vie nouvelle dans le Christ : le début de la célébration a marqué la fin d'une époque, la fin de la célébration marque le début d'une histoire nouvelle !

Signature des registres

Les registres attestent la réalité du mariage. Les nouveaux époux reçoivent un livret de famille catholique, où les baptêmes de leurs enfants seront consignés, ainsi que les différentes étapes de leur chemin de foi.

Chant et procession de sortie

Les fiancés sont entrés séparément au bras de leurs parents – ils sont arrivés avec leur famille, leur passé etc. Ce sont des époux qui sortent à présent au bras l'un de l'autre, prêts à commencer une nouvelle histoire – « *l'homme quittera son père et sa mère…* » : c'est fait !

6. CÉLÉBRER L'EUCHARISTIE ? *LE SEIGNEUR NOUS NOURRIT*

Par le sacrement de mariage, l'alliance de l'homme et de la femme manifeste l'alliance du Christ-Époux et de l'Église-Épouse. Signe imparfait d'une réalité parfaite, le mariage manifeste cette alliance que l'eucharistie actualise pour nous. Célébrer le mariage au cours d'une célébration eucharistique a donc beaucoup de sens si les fiancés sont réellement pratiquants, c'est-à-dire fidèles à la communion eucharistique dominicale et prêts à la recevoir dans un cœur renouvelé par le sacrement du pardon et de la réconciliation.

- Il peut être signifiant, à la fin de la célébration, de **faire bénir une icône ou une belle croix**, qui sera accrochée en bonne place dans la maison, attestant la présence du Christ au sein du foyer.

Quelques aspects pratiques…

Les photos, c'est important !

Professionnels ou amateurs, les photographes sont les bienvenus, pour autant qu'ils soient peu nombreux et discrets afin de ne pas troubler le recueillement des mariés et de respecter la sainteté des lieux.

Le riz, les pétales de roses en papier, c'est charmant…

…Mais salissant et parfois interdit par les mairies. Si toutefois cela est autorisé, les fiancés prévoiront un balai, une pelle et une ou deux bonnes volontés pour nettoyer le parvis après leur départ.

Les chants, c'est priant !

Chanter, c'est prier deux fois ! La musique et le chant font pleinement partie de la liturgie, aussi est-il important de les choisir dans le registre sacré.

Si l'assemblée est peu habituée aux chants d'église, il est préférable de limiter le chant à quelques refrains aux moments essentiels et de prévoir des musiques sacrées pour les processions. S'il y en a une, la chorale soutient la prière de manière joyeuse et ajustée.

Les fleurs, c'est ravissant !

Les fleurs accompagnent la liturgie : elles expriment la beauté de la Création, et la louange des fidèles. Professionnels ou amateurs, les fleuristes se conformeront aux habitudes de la paroisse. Ils veilleront à respecter les lieux et à les laisser propres (aaaah, le vert des feuilles écrasées sur la pierre… !) et garderont une certaine sobriété – le chœur n'est pas le jardin d'Éden.

Les finances, il en faut, nécessairement !

*La vie matérielle de l'Église ne dépend que des dons des fidèles. À l'occasion de leur mariage, les futurs époux sont invités à faire une offrande pour permettre à l'Église de vivre et de pourvoir aux besoins des prêtres – leur voiture ne roule malheureusement pas à l'eau bénite. Le montant de l'offrande (**casuel**) est proposé par le diocèse, chacun pourra donner plus ou moins selon ses moyens (et, pourquoi pas, en proportion des dépenses générales du mariage). Une **quête** sera faite pendant la célébration pour permettre à la paroisse de faire face à ses dépenses (chauffage, éclairage, assurances etc.).*

*Par ailleurs, chaque année, la participation au **denier de l'Église** manifestera concrètement l'appartenance des époux à la communauté chrétienne et leur soutien à la mission de l'Église.*

SÉQUENCE 3

Vivre les grâces du sacrement de mariage

Notre objectif

Ouvrir des pistes de réflexion pour aider les nouveaux époux à avancer pas à pas, avec le Christ vers le Père.
Cela nous paraît un peu décalé avec ce que les fiancés vivent aujourd'hui ? Peu importe ! Semons dans l'espérance, le Seigneur récoltera dans la joie !

Le sacrement de mariage ne s'arrête pas à la sortie de l'église, mais constitue une étape sur notre chemin de foi à deux. Comment allons-nous le continuer, ce chemin ? C'est tout au long de notre vie que la grâce du sacrement, cette communion d'amour entre les époux et avec Dieu, va s'approfondir.

Nous l'avons maintes fois répété, le sacrement ne sera réellement « efficace » que si les époux ouvrent vraiment leur **cœur à l'amour de Dieu, s'ils y répondent ensemble**, bref s'ils vivent une vie chrétienne à deux, avec la volonté de se laisser transformer par l'amour de Dieu.

« *Le mariage est aussi un travail de tous les jours, je pourrais dire un travail artisanal, un travail de joaillerie […]. Cela ne tombe pas du ciel ! Le Seigneur le bénit, mais cela vient de vos mains, de vos comportements, de votre mode de vie, de votre manière de vous aimer.* » (Pape François, *Discours aux fiancés qui se préparent au mariage,* 14 février 2014)

1. LE CENTRE DE LA VIE CHRÉTIENNE, C'EST JÉSUS

Comme, dans l'église, l'autel (le Christ) est au centre du chœur – Jésus est l'épicentre de notre cœur, de notre vie, de l'église avec un « e » et un « E » ! Ce qui fait une vie chrétienne, c'est le lien avec lui, c'est la foi. Pas une foi abstraite, mais le fait de croire et d'aimer une personne : Jésus Christ.

« *À l'origine du fait d'être chrétien, il n'y a pas une décision éthique ou une grande idée, mais la rencontre avec un événement, avec une Personne, qui donne à la vie un nouvel horizon et par là son orientation décisive.* » (Benoit XVI, *Deus caritas est (Dieu est amour),* n° 1)

> « L'Évangile n'est pas un livre, c'est un être vivant. »
> Napoléon Bonaparte

Quand on aime quelqu'un… on l'écoute et on lui parle.

- **On l'écoute en lisant et en méditant sa Parole,** seul et à deux.
- **On lui parle dans la prière.** C'est beau de prier à deux pour se mettre ensemble sous le regard du Seigneur ! La prière conjugale, c'est très simple : **un Notre Père et un Je vous salue Marie, récités ensemble** main dans la main, le soir avant de s'endormir. Faisons simple, court mais **restons fidèles** à cette prière conjugale dont les fruits dépassent, de loin, ce que nous pouvons en percevoir…

N'oublions pas les trois petits mots de la prière :

- ***Merci****, Seigneur, pour…*
- ***Pardon****, Seigneur, pour…*
- ***S'il te plaît****. Nous te prions, Seigneur, pour…*

2. LE SOUTIEN DE LA VIE CHRÉTIENNE, C'EST L'ÉGLISE

> « L'Église est une maison de famille, une maison paternelle. »
> Georges Bernanos

L'Église, ce sont des personnes qui forment **une communauté, une famille** dans laquelle le nouveau couple a sa place. Nous en avons fait la belle expérience pendant ce temps de préparation au mariage, nous avons partagé des moments importants, noué des liens d'amitié et de confiance. Que cela ne reste pas une jolie parenthèse dans une vie loin de l'Église !

Rappelons-nous l'adage bien connu : un chrétien seul est un chrétien en danger. La vie chrétienne du couple est soutenue par la communauté, et le sacrement de mariage par les autres sacrements – notamment **l'eucharistie et le sacrement du pardon et de la réconciliation.** On ne peut mener une vie chrétienne à deux (puis en famille) qu'intégrés à la paroisse. Les enfants en auront besoin également, pour découvrir Jésus, grandir dans la foi, recevoir les sacrements de l'initiation chrétienne etc.

La paroisse est aussi le lieu où nous allons servir nos frères comme nous, nous avons été servis.

Groupe de louange, fraternité de quartier, Équipes Notre-Dame ou autre, Parcours Alpha, qu'avons-nous, concrètement, à proposer à nos fiancés ? Quel service pourraient-ils rendre à la communauté ?

3. LE SOMMET DE LA VIE CHRÉTIENNE, C'EST LA MESSE

Elle fait parfois un peu peur à ceux qui n'en sont pas familiers… mais elle est vitale ! N'est-ce pas le moment privilégié où l'on se retrouve entre frères pour la célébration de l'eucharistie **dans laquelle le Christ, réellement présent,** s'offre pour nourrir notre foi, nous aider à aimer et à nous donner toujours mieux ? Être « pratiquant », ce n'est pas venir assister à un rite plus ou moins obscur, c'est participer à l'offrande du Christ pour le monde. C'est grand ! La messe n'est pas réservée à une élite de mystiques qui lévitent, elle est pour tous, elle est pour nous qui avons tellement besoin de recevoir Jésus pour avancer dans l'amour.

> « *Chaque fois que vous l'avez fait à l'un de ces plus petits de mes frères, c'est à moi que vous l'avez fait.* »
> Mt 25,40

4. L'AXE DE LA VIE CHRÉTIENNE, C'EST LE COMMANDEMENT DE L'AMOUR

Ce qui fait la vie chrétienne, c'est la volonté d'aimer l'autre « comme » Jésus aime, jusqu'à donner sa vie pour lui. « Aimer, c'est tout donner » : il n'y a pas de vie chrétienne sans engagement pour les autres, pour le bien commun, pour les plus pauvres.

Le Seigneur nous a donné des talents à mettre au service de tous, ne les gâchons pas… Donner ses talents, son temps, son énergie, est une manière très concrète de se donner, soi.

Nous ne savons pas toujours comment aimer Dieu ? Jésus nous donne la réponse ! Nous aimons Dieu en l'aimant à travers notre prochain, en servant celui qui est là, tout proche de nous. En s'aimant, en aimant les autres, les nouveaux époux seront, là où ils sont, à leur manière**, témoins de l'amour du Christ pour les hommes.** Quoi de plus beau ?

> « *Je vous donne un commandement nouveau : c'est de vous aimer les uns les autres. Comme je vous ai aimés, vous aussi aimez-vous les uns les autres. À ceci, tous reconnaîtront que vous êtes mes disciples : si vous avez de l'amour les uns pour les autres.* »
> Jn 13,34-35

TEMPS DE PRIÈRE

Prier ensemble avec la parole de Dieu

Parole vivante du Dieu vivant, la Bible est, avant tout une parole d'amour. Elle est pour chacun de nous, cette Parole !

Nous pouvons imprimer chacune des Paroles suivantes sur du papier cartonné (au recto, le verset ; au verso, une belle image du Christ ou de la Sainte Trinité).
Déposons le tout dans une corbeille, devant l'autel.
Chaque couple vient, à tour de rôle, chercher une Parole et va à l'ambon, pour lire à haute voix le verset qu'il a reçu. Le prêtre ou le diacre peut alors, en quelques mots, guider la méditation sur le thème : *« cette Parole est pour toi, Dieu t'aime, toi. Ces quelques mots te disent tout son amour. »*
Dans un deuxième temps, le prêtre ou le diacre offre à chaque couple un petit Évangile, avec un lumignon, le bénit et lui dit : *« que la parole de Dieu soit une lumière pour ta vie »* ou *« Jésus est la Lumière, écoutez sa Parole et mettez-la en pratique »* ou *« cette Parole est comme un sceau posé sur votre cœur »* ou toute autre parole qui lui paraîtra appropriée !

« Pose-moi comme un sceau sur ton cœur. » (Ct 8,6)
« Tu as du prix à mes yeux [...] et je t'aime. » (Is 43,4)
« Dieu a tellement aimé le monde qu'il a donné son Fils. » (Jn 3,16)
« Aimez-vous les uns les autres comme je vous ai aimés. » (Jn 15,12)
« Il n'y a pas de plus grand amour que de donner sa vie pour ceux qu'on aime. » (Jn 15,13)
« S'il me manque l'amour, je ne suis rien. » (1 Co 13,2)
« L'amour supporte tout. » (1 Co 13,7)
« L'amour ne passera jamais. » (1 Co 13,8)
« Restez enracinés dans l'amour, établis dans l'amour. » (Ep 3,17)
« Vivez dans l'amour, comme le Christ nous a aimés et s'est livré lui-même pour nous. » (Ep 5,2)
« Par-dessus tout, ayez l'amour. » (Col 3,14)
« Dieu est amour. » (1 Jn 4,16)
« Qui demeure dans l'amour demeure en Dieu, et Dieu demeure en lui. » (1 Jn 4,16)

Nous pouvons commander des magnets sur lesquels nous aurons fait imprimer de très courts versets de la parole de Dieu…
À conserver sur la porte du frigo : la Parole nous nourrit, elle est toujours fraîche !

Notes

Et après ? !

> « Le défi de la pastorale matrimoniale est d'aider à découvrir que le mariage ne peut se comprendre comme quelque chose d'achevé.
> Les premières années de mariage sont une période vitale et délicate, d'où l'exigence d'un accompagnement qui se poursuive après la célébration du sacrement. »
>
> Pape François, *Amoris laetitia (La Joie de l'amour)*, n° 218 et 223

La célébration du mariage est un excellent début… mais simplement un début !

Les jeunes mariés vont vivre des dizaines d'années l'un avec l'autre, en essayant de se donner de mieux en mieux, de vivre les joies et les épreuves, leurs projets d'avenir et la subtile érosion du quotidien, dans la foi, l'espérance, la charité, bref dans la sainteté. Nous le savons, loin d'être un long fleuve tranquille, la vie conjugale a ses hauts et ses bas, ses beaux voiliers et ses galères. **Comment allons-nous accompagner nos jeunes mariés jusqu'à leurs noces d'or** – et au-delà, jusqu'à l'Au-Delà ?

Si la préparation au sacrement de mariage est l'une des grandes missions de la pastorale familiale, elle est loin d'être la seule. L'accompagnement des couples et des familles est un autre défi de taille, aussi l'Église cherche-t-elle **des solutions créatives pour assurer cette mission dans la durée**. Défi d'autant plus ardu que la demande est quasi inexistante : une fois la carotte de la célébration du mariage grignotée, peu de nos jeunes mariés sont motivés pour continuer le chemin. Ils ont souvent beaucoup apprécié leur temps de préparation au sacrement de mariage mais, la célébration passée, ils n'ont plus (pensent-ils !) de raison de revenir vers nous, aussi la plupart de nos initiatives rencontrent-elles un succès, disons, mitigé. Ne nous décourageons pas, essayons de trouver des biais qui les intéressent. « Ne nous laissons pas voler l'enthousiasme missionnaire », dirait le pape François !

Seuls, nous risquons de ramer un peu… Le secret ne serait-il pas dans **la mutualisation** ? Créons des synergies avec le diocèse, avec d'autres services paroissiaux, d'autres paroisses et/ou avec des mouvements conjugaux et familiaux pour mettre nos ressources, notre créativité, nos idées, nos forces et notre dynamisme en commun.

Quoi que nous fassions, l'un des secrets de la réussite réside dans la manière dont nous lançons nos **invitations**. Les mails et autres affiches ont leur utilité, mais le retour est limité s'ils ne sont pas appuyés par une invitation plus directe. Prenons notre courage à deux mains et notre téléphone dans la troisième et allons chercher, une à une, nos quatre-vingt-dix-neuf brebis. Passer quatre-vingt-dix-neuf coups de fil pour inviter quatre-vingt-dix-neuf couples, c'est possible si nous nous répartissons le travail. Donnons des listes bien faites à des paroissiens qui ont un peu de temps : dix coups de fil dans la semaine passés par dix personnes différentes, est-ce réellement insurmontable ? Un SMS la veille rappelle aux inscrits (et aux autres !) l'événement à ne pas rater…

Quelques initiatives rencontrent un certain succès :

- Notre parcours de préparation au mariage peut compter **une soirée « après-mariage »** qui fait partie intégrante de l'engagement. Photos, petit vin de Cana, pièce montée (mais si !), partage de souvenirs et topo sympa du curé sur un sujet fédérateur : joyeuse et fraternelle, la soirée laisse d'impérissables souvenirs !
- Nous pouvons également organiser des **parrainages** (ou continuer ceux qui auraient déjà été mis en place avant le mariage) : un couple de paroissiens prend en charge un ou deux couples de jeunes mariés pour des **« Soirées Apéro »** à thèmes (saucisson, discussion, méditation de la parole de Dieu et temps de prière). Cela demande un peu de préparation en amont, afin de fournir aux couples parrains une

fiche structurée avec des repères et des questions pour orienter la discussion, et proposer un texte à méditer ainsi qu'une courte prière.

Dans certains groupes, la mayonnaise prend remarquablement, les fiancés ne sont pas pressés de se quitter. Nous pouvons alors leur proposer de continuer les rencontres sous une forme adaptée, en utilisant le principe des **« Soirées Apéro » en groupe élargi**.

- Nous pouvons aussi organiser, de temps en temps, en synergie avec une association familiale, une école ou une autre paroisse, des **rencontres sur des thèmes qui intéressent les jeunes couples** (le couple et l'argent, l'éducation des enfants, le pardon, la communication etc.). Cela permet d'inviter ensemble les parents qui demandent le baptême pour leurs enfants, les parents des enfants inscrits au catéchisme et les jeunes mariés.
- Pourquoi ne pas organiser un dîner de « **Saint-Valentin Autrement** » (https://saintvalentinautrement.fr/), servi aux jeunes mariés par les fiancés de l'année ?
- Certaines paroisses (ou diocèses) organisent de grandes **journées des fiancés**, initiatives extrêmement fécondes et joyeuses intégrées à des parcours déjà denses. Il peut être intéressant d'aménager quelque peu le concept en « **journée des jeunes mariés** », afin de proposer aux mariés de l'année précédente un moment exceptionnel de prière, de réflexion et de fraternité.
- Nous pouvons également inviter nos jeunes mariés à continuer leur chemin de foi :
  en suivant un **Parcours Alpha** (https://www.parcoursalpha.fr/)
  en intégrant une **Fraternité de quartier**,
  un groupe de **Prière des Mères** (http://www.prieredesmeres.com/)
  un **Chantier Éducation**
  (https://iedh.fr/en-savoir-plus/chantiers-education/),
  une **Équipe Notre-Dame** (https://www.equipes-notre-dame.fr/) etc.

Un dernier mot du pape François

> « J'éprouve une immense gratitude
> pour l'engagement de toutes les personnes
> qui travaillent dans l'Église. [...] L'apport de l'Église
> dans le monde actuel est immense.
> [...] Je rends grâce pour le bel exemple
> que me donnent beaucoup de chrétiens
> qui offrent leur vie et leur temps avec joie. »

Pape François, *Evangelii gaudium (La Joie de l'Évangile)*, n° 76

Postface

Une part majeure de l'action de l'Église consiste à faire naître une foi vivante et active en Jésus Sauveur dans le cœur de tous les êtres humains, puis de la nourrir et de lui permettre de se déployer à tous les âges et dans toutes les dimensions de l'existence humaine.

La préparation aux sacrements s'inscrit dans cette perspective, et ne saurait constituer une fin en soi. Je me prépare à un sacrement pour mieux vivre ma vie chrétienne grâce à cette action de Dieu qui m'en fournit les moyens dans les sacrements.

C'est l'un des aspects importants et largement oublié de l'exhortation apostolique *Amoris laetitia* que le pape François a donné à l'Église le 19 mars 2016.

Reprenant un travail commencé plus de 15 années auparavant, les évêques de France avaient eux-mêmes voulu que soient redonnées aux communautés chrétiennes et aux « fiancés » de grandes lignes pour la préparation au sacrement de mariage dans le contexte de la nouvelle évangélisation. Avec d'autres évêques réunis dans un groupe de travail ad hoc, j'avais eu la joie de présenter des orientations susceptibles d'aider les couples désireux de vivre leur amour selon l'Évangile, à le faire en meilleure connaissance de cause et plus librement. (*Documents Épiscopat*, n° 7, 2014)

Le présent ouvrage « Heureux ceux qui s'aiment » s'inscrit dans cette double référence et propose l'expérience encore neuve et encourageante vécue dans le diocèse de Beauvais. Il veut aider plus largement des « aînés accueillants et accompagnateurs », mais aussi des couples en réflexion, à servir et vivre cette aventure de l'amour inspiré et soutenu par Jésus Christ. L'aventure est ambitieuse et exaltante ; elle mérite d'être engagée et menée avec lucidité et avec des ressources adaptées. Par sa composition et les moyens qu'il offre, ce livre veut être une aide accessible, adaptable et féconde pour se préparer au sacrement de mariage et à la vie qui s'ensuivra.

Dans la mission qui lui a été confiée par Jésus Christ, l'Église d'aujourd'hui et les communautés qui la composent veulent y aider, avec courage et joie. Puissent les pages qui suivent y aider puissamment.

+ Jacques Benoit-Gonnin,
évêque de Beauvais, Noyon et Senlis

Merci

Merci à Mgr Jacques Benoît-Gonnin, évêque de Beauvais qui a, avec confiance, encouragé et soutenu cette aventure, depuis ses débuts.

Merci au diocèse de Beauvais et à Amaru Cazenave qui, en mettant leurs vidéos au service de ce parcours, aideront grandement ceux qui le mettront en œuvre.

Merci à Mgr Sylvain Bataille, évêque de Saint-Étienne, dont la disponibilité, les relectures et le soutien fraternel ont été si précieux.

Merci à tous ceux – prêtres et accompagnateurs de préparation au sacrement de mariage – qui ont changé leurs habitudes pour tester ce parcours, avec patience et bienveillance. Leurs remarques et leurs suggestions ont permis de corriger, d'ajuster, d'améliorer. Un merci tout particulier aux pères Pascal, Guillaume et Mickaël, ainsi qu'à Ghislaine, Laurence, Valence et sœur Marie-Dulcis.

Merci, Seigneur, pour ton amour qui nous comble !

Formaté typographiquement par DESK (53) :
02 43 01 22 11 – desk@desk53.com.fr

Achevé d'imprimer par CPI,
en février 2025
N° d'imprimeur : 2083475

Dépôt légal : mai 2022

Imprimé en France